108 自在語-1

번뇌 없는 지혜
적이 없는 자비

108自在語-1

번뇌 없는 지혜
적이 없는 자비

7쇄 발행 2024년 5월 15일

지은이: 聖嚴法師
옮긴이: (재)성엄교육기금회
펴낸이: 김현회
펴낸곳: 도서출판 **하늘북**
등 록: 1999년 11월 11일(등록번호 제3000-2003-138)
주 소: 서울시 서대문구 홍제내2다길 40
전 화: 02-722-2322
e-mail: hanulbook@hanmail.net

ISBN 978-89-90883-76-6 (세트)
ISBN 978-89-90883-77-3 04190

※ 값은 표지 뒷면에 있습니다.
※ 잘못된 책은 구입하신 곳에서 교환해 드립니다.

108 自在語-1

번뇌 없는 지혜
적이 없는 자비

성엄법사(聖嚴法師) 지음

하늘북

목 차

I

- 인격 향상   007~020
- 일을 즐김   021~032
- 평안한 인생   033~047
- 행복한 세상   049~061

II

- 자유자재한 인생   063~076
- 단순한 삶   077~095
- 뜻대로 이루어지며 상서로움   097~108
- 마음의 성장   109~122

III

- 자비로 서원을 실천함　　　123~134
- 세상의 지혜　　　　　　　135~154
- 감은과 복의 배양　　　　　155~170
- 덕을 쌓고 복을 수양　　　　171~186

IV

- 마음의 환경보호　　　　　187~210
- 책임과 본분을 다함　　　　211~230
- 자비와 지혜　　　　　　　231~250
- 기쁨과 행복　　　　　　　251~271

I
인격향상

1. 필요한 것은 많지 않으나,
   원하는 것은 매우 많다.
   > 需要的不多, 想要的太多.

2. 은혜를 알고
   은혜를 갚는 것이 우선이며,
   남을 이롭게 하는 것이
   곧 자기를 이롭게 하는 것이다.
   > 知恩報恩爲先, 利人便是利己.

3. 몸과 마음을 다하여
   일을 하는 것이 우선이며,
   누가 더 많이 하였는가는
   따지지 마라.
   > 盡心盡力第一, 不爭你我多少.

4. 자비에는 적이 없고,
   지혜에는 번뇌가 일어나지 않는다.
   慈悲沒有敵人, 智慧不起煩惱.

5. 바쁜 사람은 가장 많은 시간을,
   근면한 사람은 최상의 건강을 누린다.
   忙人時間最多, 勤勞健康最好.

6. 보시를 베푸는 사람은 복을 받으며,
   선행을 하는 사람은 항상 즐겁다.
   布施的人有福, 行善的人快樂.

7. 마음 씀은 커야 하고,
   자아는 작아야 한다.
   心量要大, 自我要小.

8. 놓을 줄 알아야 잡을 수도 있다.
   잡고 놓는 것이 자유로워야
   비로소 자유자재한 사람이다.

   > 要能放下, 才能提起.
   > 提放自好, 是, 自在人.

9. 남을 알고
   자기를 알고,
   나가고 물러설 때를 알면,
   항상 심신이 평안할 것이요;
   복을 알고 복을 아끼고
   복을 가꾸어 가면,
   두루 좋은 인연을 맺을 수 있을 것이다.

   > 識人識己識進退, 時時身心平安;
   > 知福惜福多培福, 處處廣結善緣.

10. 잡고 놓는 것이 자유로우면,

    매년 뜻하는 대로 순조로울 것이며;

    지혜로 복밭을 일구면,

    하루 하루가 좋은 날일 것이다.

    > 提得起放得下, 年年吉祥如意;
    > 用智慧種福田, 日日都是好日.

11. 심신을 항상 느긋하게 풀고,

    만나는 이에게 미소로 대하니;

    느긋함은 곧

    우리의 심신을 건강케 함이요,

    미소를 지음은 피차

    우의를 손쉽게 증진시킬 수 있음이라.

    > 身心常放鬆, 逢人面帶笑;
    > 能使我們身心健康, 帶笑容易增進彼此友誼

12. 말이 입 밖으로 나오기 전에 잘 생각하고, 말을 하기 전에 반박자 늦춰라. 말을 하지 말라는 것이 아니라, 말을 아끼고 신중하게 해야 한다는 것이다.

    話到口邊想一想, 講話之前慢半拍
    不是不說, 而是要惜言愼話.

13. 생활에서, "있을 수 있으면 매우 좋고, 없어도 괜찮다" 라는
    생각을 기르는 것이 좋다.
    이는 괴로움을 즐거움으로 바꿔주고
    더 자유자재 하게 살아갈 수 있다.

    在生活中, 不妨養成 『能有, 很好;
    沒有, 也沒關係』 的想法, 便能轉苦爲樂,
    便會比較自在了.

14. 사안(四安) :

   마음을 우선 안정시키고,
   몸을 다음으로 안정시키고,
   가정을 그 다음으로 안정시키고,
   사업을 마지막으로 안정시킨다.

   四安:
   安心, 安身, 安家, 安業.

15. 사요(四要) :

   필요 한 것인가,
   원하는 것인가,
   원할 수 있는 것인가,
   원하여도 마땅한 것인가의
   마음 상태를 항상 점검하여라.

   四要: 需要, 想要, 能要, 該要.

16. 사감(四感) :

항상 은혜를 마음에 품고,
감사하며, 자신을 감화하여,
타인의 마음을 감동 시켜야 한다.

  四感:
  感恩, 感謝, 感化, 感動.

17. 사타(四它) :

일은 우선 대면하고,
다음은 그 사실을 받아들이고,
다음으로 일을 처리하되,
마지막으로
그 결과는 내려놓아야 한다.

  四它:
  面對它, 接受它, 處理它, 放下它..

18. 사복(四福) :

　　복을 알고,

　　복을 소중히 하고,

　　복을 배양하고,

　　복을 심어라

　　　　四福:
　　　　知福, 惜福, 培福, 種福.

19. 원할 수 있고, 원하여도

　　마땅한 것을 요구 하여도 좋으나,

　　원할 수 없고,

　　원하여선 마땅하지 않는 것은

　　절대 요구하지 마라.

　　　　能要, 該要的才要;
　　　　不能要, 不該要的絶對不要.

20. 은혜를 마음에 품고
 감사하는 것은
 우리를 성장하게 하고,
 은혜를 갚는 것은
 우리의 성취함에 도움이 된다.
 感恩能使我們成長,
 報恩能助我們成就

21. 순경과 역경은
 모두가 은인이며,
 이렇게 주어진 기회에 감사하라.
 感謝給我們機會, 順境,
 逆境皆是恩人

22. 좋은 일이 생기면
 함께 기뻐하고, 찬탄하고, 격려하고,
 또한 겸허하게 배워야 한다.

 遇到好事, 要隨喜・讚歎・激勵,
 亦且虛心學習.

23. 비판을 적게 하고,
 찬미를 많이 하는 것이
 구업(口業)을 기피하는
 최적의 방법이다.

 少批評, 多讚美,
 是避免造口業的好方法.

24. 평상심은
    제일 자유자재하고
    즐거운 마음이다.

    平常心就是最自在,
    最愉快的心..

25. 착실히 한 걸음 내딛는 것이,
    백마디 내실없고 화려한 말 보다 낫다.

    踏實地走 一步路,
    勝過說一百句空河的漂亮語

26. 자신의 단점을 많이 알수록,
    더욱 빨리 성숙해지며,
    스스로에 대한 믿음도 더 견고해진다.

    知道自己的缺點愈多, 成長的速度愈快,
    對自己的信心也就愈堅定.

27. 많이 듣고,
    많이 보고,
    적게 말하고,
    손발은 재빠르되
    씀씀이는 느리게 하라.

    多讀多看少說話,
    快手快腳慢用錢.

28. 오로지
 고난을 겪어 본 자만이
 정진하는 분발심을 얻을 수 있다.

 唯有體 驗了艱苦的境遇,
 才會有精進奮發的心.

29. 성실하게 살면서,
 도량을 넓히고;
 온당하게 일을 처리하면서,
 시야를 깊고 멀게 가져라.

 踏踏實實做人, 心胸要廣大;
 穩穩當當做事, 著眼宜深遠.

일을 즐김

30. 바쁘지만 항상 정돈되어 있으며,
  피곤하지만 마음은 경쾌하여야 한다.
    忙而不亂,
    累而不疲

31. 기쁘고 바쁘고,
  즐겁게 지쳐라
    忙得快樂,
    累得歡喜.

32. '바쁜 것'은 괜찮으나,
  '괴롭지' 않으면 된다.
    『忙』沒關係,
    不『煩』就好.

33. 일은 서둘러도
 마음은 조급하지 말며,
 몸과 마음은 느긋하게 하여
 긴장하지 마라.
 工作要趕不要急,
 身心要鬆不要緊.

34. 바쁨 속에서도
 일을 순서 있게 신속히 처리하되,
 긴장하여 시간에 쫓기며 살지 마라.
 應該忙中有序的趕工作,
 不要緊張兮兮的搶時間.

35. 부귀와 빈천으로 성공과 실패,
얻음과 잃음을 논하지 말고,
마음과 힘을 다하여 자신을 성장시키고
남을 이롭게 하여라.

不要以福貴貧賤論成敗得失,
只要能盡心盡力來自利利人

36. 힘든 일을 맡는 자는
반드시 원망을 감내해야 하고,
일하는 자는
반드시 비판과 직면하게 된다.
원망의 말 아래에는 자비인욕이 있고
비판의 가운데는 금옥이 숨어있다.

任勞者必堪任怨, 任事者必遭批評
怨言之下有慈忍, 批評之中藏金玉.

37. 평안한 마음으로
    여러 일에 임하며,
    인연에 따라 봉헌 하여라.
    隨遇而安,
    隨緣奉獻

38. 성공의 삼박자 :
    인연에 순응하며,
    인연을 파악하고,
    인연을 창조하는 것이다.
    成功的三部曲是:
    隨順因緣
    把握因緣,
    創造因緣.

39. 기회와 인연이 주어지면 포착하고,
    주어지지 않으면 창조하되,
    아직 여물지 않았다면
    무리하게 구하지 않는다.

    見有機緣宜把握, 沒有機緣要營造
    機緣未熟不強求.

40. 인생에 있어 굴곡은
    모두 성장의 경험이다.

    人生的起起落落,
    都是成長的經驗.

41. 지혜로움으로 일에 임하고,
    자비로움으로 사람을 대하여라.

    用智慧處理事, 以慈悲關懷人

42. 항상 지혜로움으로
 오류를 수정하고,
 곳곳에 자비심으로
 사람들에게 편리를 베풀어라.

 以智慧時時修正偏差
 以慧悲處處給人方便.

43. 자비심이 깊어질수록,
 지혜는 더 높아가며,
 괴로움은 줄어든다.

 慈悲心愈重, 智慧愈高,
 煩惱也就愈少.

44. 처한 여러 상황에서,
지혜로움으로 일에 임하며,
자비심으로 사람을 대하고,
개인의 이득과 손실에
얽매이지 아니하면, 괴로움도 없어진다.

    面對 許多的情況, 只管用智慧處理事
    以慈悲對待人, 而不擔心自己的利害得失
    就不會有煩惱了.

45. 마음이 형편에 따라 바뀌는 것은
평범한 사람이며,
형편이 마음에 따라 바뀌는 것은
성인과 현인이다.

    心隨境轉是凡夫;
    境隨心轉是聖賢.

46. 큰 오리는
    큰 물길을 헤쳐 나오게 되며,
    작은 오리는
    작은 물길을 헤쳐 나오게 된다.
    헤쳐 나오지 않으면
    물길도 생기지 않는다.

    大鴨遊出大路,

    少鴨遊出小路, 不遊就沒有路.

47. 산이 돌지 않으면, 길을 돌리고,
    길이 돌지 않으면, 사람이 돌아가고,
    사람이 돌아갈 수 없으면,
    마음을 돌려라.

    山不轉路轉,

    路不轉人轉, 人不轉心轉.

48. '정진'은
  필사적으로 하자는 것이 아니라,
  끊임없이 노력 하자는 것이다.

   『精進』
   不等於拚命, 而是怒力不懈

49. 배가 지나간 물 위에는
  흔적이 남지 않으며,
  새가 날아간 허공에는
  자취가 남지 않듯이,
  성패득실이 마음에
  파동을 일으키지 않는 그것이
  곧 자재해탈하는 대지혜이다.

   船過水無痕, 鳥飛不留影, 成敗得失都不會
   引心精的波動, 那就是自在解脫的大智慧.

50. 남을 돕는 것이
    곧 자신을 돕는 것이다.

    給人方便等於給自己方便.

51. 기꺼이 훤히 보이는 손해를
    원하는 자는 어진 사람이며,
    모욕을 받고 남모르게 손해마저
    보는 자는 어리석은 사람이다.

    甘願吃明虧, 是仁者;
    受辱吃暗虧, 是愚蠢.

52. 압박감은 항상 몸 밖의 사물과
    타인으로부터의 평가에 대하여
    너무 연연하여 초래하는 것이다.

    壓力通常來自對身外事物過於在意
    同時也過於在意他人的評斷.

53. 은혜에 감사하는 마음으로,
    은혜에 보답하는 마음으로
    봉사하는 일에 임하면,
    권태와 피로를 느끼지 않는다.

    用感恩的心, 用報恩的心
    來做服務的工作, 便不會感到倦怠與疲累.

54. 언제 어디서나
    감사하는 마음을 지니고
    재력, 체력, 지혜와
    마음이 미치는 힘을 다하여
    봉사하고 헌신하여라.

    隨時隨地心存感檄, 以財力, 體力
    智慧, 心力, 來做一切的奉獻

평안한 인생

55. 생명의 뜻은
 봉사하는 데 있고,
 삶의 가치는
 봉헌하는 데 있다.
 生命的意義是爲了服務
 生活的價値是爲了奉獻

56. 인생의 목표는
 업보를 받아들이려 왔고,
 지나간 소원을 이행하려고 왔고,
 새로운 소원을 발심하려고 왔다.
 人生的目標, 是來受報,
 還元, 發願的.

57. 인간의 가치는,
    수명의 길고
    짧은 데에 있는 것이 아니라,
    봉사를 얼마만큼 했나에 달려있다.

    人的價值, 不在壽命的長短
    而在貢獻的大小.

58. 지나간 것은
    이미 허상이며,
    미래는
    아직 몽상이니,
    지금 이 순간을
    장악하는 것이 제일 중요하다.

    過夫已成處幻, 未來尚是夢想
    把握現在最重要.

59. 과거에 연연할 것 없고
미래 역시 걱정할 필요가 없다.
바로 지금에서
성실하게 살면,
곧 과거와 미래와 함께 있는 것이다.

> 不用牽掛過去, 不必擔心去來
> 踏實於現在, 就與過去和未來同在.

60. 지혜는
지식이 아니고,
경험도 아니고,
사변도 아닌
자아를 초월한 태도이다.

> 智慧, 不是知識, 不是經驗, 不是思辯
> 而是超越自我中心的態度.

61. 적극적인 인생을 살며
 겸손하면 만점이요;
 자기중심적인 욕망이 크면 클수록
 불안도 점점 커진다.
 積極人生, 謙虛滿分,
 自我愈大, 不安愈多.

62. 상급인은
 마음이 도에 안착하고 있고,
 중급인은
 마음이 일에 안착하고 있고,
 하급인은
 마음이 명리와 물욕에 안착하고 있다.
 上等人安心於道, 中等人安心於事
 下等人安心於名利物欲

63. 어떠한 신분이면,
   그 신분에 걸맞은 일을 함이 마땅하다.
   你是有哪些身分的事.

64. 안정과 화목 속에서
   멋진 지금 이 순간을 알차게 주관하고,
   새롭고 산뜻한 밝은 내일로 나아가라.
   在安定和諧中, 把握精彩的今天
   走出新鮮的明天.

65. 걱정은 쓸데없는 구박이요,
   심혈을 기울이는 것은
   안전의 힘이 된다.
   擔心, 是多餘的折磨;
   用心, 是安金的動力.

66. 부유함은 흘러가는 물과 같고,
    보시는 우물을 파는 것과 같다.
    우물이 깊을수록 물은 많고,
    보시를 많이 할수록 더 부유하여진다.

    財富如流水,
    布施如挖井·井愈深
    水愈多; 布施的愈多, 財富則愈大.

67. 생활을 함에 있어서,
    항상 '만반의 준비와
    최악의 결과에 대한 대비'를
    하여야 한다.

    面對生活, 要有
    「最好的準備, 最壞的打算」

68. 한숨만 간직하고 있으면,
곧 무한한 희망이 있는 것이고,
그것이 가장 큰 재산이다.

只要還有一口呼吸在,
就有無限的希望
就是最大的財富.

69. 괴로움과
어려움을 구원을 하는 자는
보살이요,
괴로움과 어려움을 겪는 자는
대보살이다.

救苦救難的是菩薩,
受苦受難的是大菩薩.

70. 생·노·병·고를
 초월하는 세 가지 원칙 :
 즐겁게 살고,
 건강하게 병을 맞이하고,
 희망차게 늙는 것이다.

   超越生老病苦三原則:
   活得快樂, 病得健康, 老得有希望.

71. 죽음을 초월하는 삼원칙 :
 죽음을 찾지 말고,
 죽음을 두려워하지 말고,
 죽음을 기다리지 마라.

   超越死亡三原則:
   不要尋死, 不要怕死, 不要等死

72. 죽음은

   경사도 아니고,

   장례도 아니고,

   장엄한 불사일 뿐이다.

   死亡不是喜事,

   也不是喪事,

   而是一件莊嚴的佛事.

73. 모든 자녀는

   부모의 성장을 돕는

   작은 보살이다.

   每一個孩子,

   都是幫助父母成長的小菩薩.

74. 청소년을 대함에 있어
  걱정보다는 관심을 가져주며,
  통제보다는 인도하여 이끌어 주며,
  권위를 보여주기 보다는
  이해하고 헤아려 준다.

  > 對青少年,
  > 要關心不要擔心
  > 要誘導不要控制,
  > 用商量不用權威.

75. 자녀를 사랑한다면
  걱정을 하느니 보다는
  축복을 해주는 게 낫다.

  > 愛你的孩子,
  > 與其擔心, 不如祝福吧

76. 부부의 관계는
   윤리의 관계이지
   논리의 관계가 아니다.

   夫妻是倫理的關係,
   不是「論理」的關係.

77. 함부로 쓰레기를 버리지 않고,
   수시로 쓰레기를 깨끗이 줍는다면,
   이는 모두 공덕을 쌓는 것이다.

   能不亂丟垃圾, 隨時精撿垃圾,
   都是做的功德

78. 안목은 그대의 지혜이며,
   운수는 그대의 복덕이다.

   眼光, 是你的智慧; 運氣, 是你摘福德

79. 좋아하는 것은
 점유하고자 하고
 싫어하는 것은
 배척하고자 하니,
 얻고 잃음에 연연해하면,
 번뇌가 곧 찾아온다.

   喜愛的就想佔有, 討厭的就會排斥
   患得患失, 煩惱就來了.

80. 늘 바라는 것이 적고,
 넉넉함을 느끼는 사람은,
 모자람이 없는 부유한 사람이다.

   經常少欲知足的人,
   才是無虞匱乏的富人

81. 마음이
 평안하지 못하는 것은
 진정한 고통이며,
 몸의 아픔은
 반드시 고통이 아닐 수 있다.

   心不平安是眞正的苦
   身體的病痛不一定是苦.

82. 마음이 평안치 못한 것이
 고통임을 안다면,
 어서 '나무관세음보살'을 지녀하여
 마음을 안정시켜라.

   明知心不平安是苦事, 就趕快以持念
   「南無觀世音菩薩」來安心吧!

83. 현재 소유하고 있는 것이
제일 소중한 것이다.
아무리 소유하고 있는 것이 많아도
만족을 할 수 없는 자는
가난한 사람이다.

    現在擁有的, 就是最好的
    擁有再多也無法滿足, 就等於是窮人

84. 억제를 통하여
정서를 제어하지 말고,
관상, 염불과 기도로
정서를 풀어라.

    不要用壓抑來控制情緒, 最好用觀想
    用佛號, 用祈禱, 來化解情緒.

행복한 세상

85. 고운 말은 함께 쓰고,
 좋은 일은 함께 행하며,
 좋은 운을 함께 돌리자.
 好話大家說,
 好事大家做,
 好運大家轉.

86. 모두 다 고운 말을 쓰고,
 모두 다 좋은 일을 하면,
 모두에게 좋은 운이 따른다.
 大家說好話,
 大家做好事,
 大家轉好運.

87. 사람마다 매일
 한마디씩 고운 말을 더 쓰고,
 좋은 일을 하나씩 더하면,
 이러한 작은 선행들이 모여
 큰 선행이 된다.

　　每人每天多說一句好話, 多做一件好事
　　所有小小的好, 就會成爲一個大大的好.

88. 급하게 해야 할 일이고,
 마침 누군가는 꼭 해야 할 일이라면,
 '내가 하마!' 하고 나서라.

　　急須要做,
　　正要人做的事,
　　我來吧!

89. 자신과 화목하고
   타인과도 화목하여
   마음과 입도 화목하면,
   즐거움과 행복을 누릴 수 있다.

   我和人和,
   心和口和,
   歡歡喜喜有幸福

90. 내부와 화목하고
   외부와도 화목하여
   인연과 연분과도 화목하면,
   평안하고 진정 자유롭다.

   內和外和,
   因和緣和,
   平平安安眞自在.

91. 스스로 마음의 안정을 구하면
 곧 평안이 있고,
 남에게 관심을 베풀면 행복이 온다.

  自求心安就有平安,
  關懷他人就有幸福

92. 인품은 재산이요,
 봉사는 저축이다.

  人品等於財富,
  奉獻等於積蓄.

93. 봉사는 곧 수행이요,
 마음을 안정시킬 수 있음은
 곧 성취이다.

  奉獻卽是修行, 安心卽是成就

94. 소유하고 있는 것이 많다고,
    반드시 만족함을 느끼는 것이 아니고,
    소유하고 있는 것이 적다고,
    반드시 부족함을 느끼는 것은 아니다.

    擁有的多, 不一定讓人滿足;
    擁有的少, 不一定讓人貧乏.

95. 현재 이어 받는 것은,
    과거에 만든 것이며;
    미래에 이어 받을 것은,
    지금 만들고 있다.

    現在所得的, 是過去所造的;
    未來所得的, 是現在所做的.

96. 좋은 사람은 외롭지 않고,
    어진 사람은 항상 즐겁다.
    언제 어디서나 남을 돕고
    자기 자신도 이롭게 되어,
    언제 어디서든 행복을 누릴 수 있다.

    好人不寂寞, 善人最快樂
    時時處處助人利己, 時時處處你最幸福

97. 원만한 대인관계를 희망하면,
    마음 씀씀이가 커야하고,
    남을 많이 받아들이며 포용하여라.

    若希望人際關係相處得好
    就要把心量放大, 多接納人, 多包容人

98. 자신의 마음 상태만 바꾸면,
환경도 따라 바뀌게 된다.
이 세상에는
절대적으로 좋고 나쁜 것이 없다.

只要自己的心態改變, 環境也會跟著改變
世界上沒有絕對的好與壞

99. 사람과 사람 사이에
함께 사는 도리에는 소통이 필요하고,
소통이 이루어지지 않으면
곧 타협을 해야 하며,
타협이 안 될 시에는,
용서하여 주고 참아 주어라.

人與人之間的相處之道, 需要溝通, 溝通不成
則妥協, 妥協不成時, 你就原諒和容忍他吧

100. 큰 것은
 작은 것을 포용하고,
 작은 것은
 큰 것을 양해하여라.

 大的要包容小的,
 小的要諒解大的.

101. 전심전력으로
 가정을 보살피고,
 온 생명으로
 사업에 임해라.

 以全心全力關懷家庭
 用整體生命投入事業.

102. 탐욕을 버리는
가장 좋은 방법은
더 많이 보시하고,
더 많이 봉헌하고,
더 자주 다른 사람들과
베풀며 나누는 것이다.

> 戒貪最好的方法, 就是多布施,
> 多奉獻, 多與人分享.

103. 남을 아량 있고
너그럽게 감싸 받아들일 때,
서로간의 문제는 곧 해결될 것이다.

> 包容別人時,
> 雙方的問題就解決了.

104. 불도를 배우는 사람에게는
 두 가지 큰 임무가 있으니,
 불도를 장엄하게 하고,
 중생을 성숙하게 하는 것이다.

   學佛的人, 有兩大任務:
   莊嚴國土, 成熟衆生.

105. 바닥이 없는
 (타인의) 쓰레기통이 되어야 하고,
 먼지가 없는
 거울을 배워야 한다.

   要做無底的垃圾桶,
   要學無塵的反射鏡

106. 번뇌를
자기의 마음속으로 해소하는 것은
지혜이고,
이득을
타인과 나누어 누릴 수 있는 것은
자비이다.

>煩惱消歸自心就有智慧,
>利益分享他人便是慈悲.

107. 부끄러워하는 마음으로
자기 자신을 성찰하고,
은혜를 마음에 품고
간직하는 마음으로 세상을 보아라.

>用慚愧心看自己,
>用感恩心看世界.

108. 사람의 마음을 정화하려면
 욕심을 줄이고 자족하고,
 사회를 정화하려면
 타인에게 관심을 가지고 보살펴라.

   淨化人心, 少欲知足:
   淨化社會, 關懷他人

II
자유자재한 인생

1. 아랫사람에게 겸손하고,
   윗사람을 존경함은,
   보살 수행자의 중요한 과제다.

   謙下尊上,
   是苦薩行者的重要功課

2. 봉사로 쟁취를 대체하고,
   복을 소중히 다룸으로
   복 누림을 대체하라.

   用奉獻代替爭取,
   以惜福代替享福

3. 자신과 타인을 사랑하고,
   모든 중생을 사랑하며;
   자기와 타인을 구하고,
   모든 중생을 구하여라.

   自愛愛人, 愛一切衆生;
   自救救人, 救一切衆生.

4. 이타적 마음가짐은,
   갚음과 보답을 요구하지 않는
   맑고 깨끗한 마음이다.

   利他,
   是不求果報及回饋的靑淨心.

5. 점유나 봉헌은
 모두가 사랑이지만,
 스스로를 이롭게 하느냐의 차이로;
 점유는 자아의 욕심을 부리는
 사적인 사랑이며,
 봉헌은 사심 없이 희사하는
 큰사랑이다.

   佔有, 奉獻都是愛,
   但有自利和利人的差別;
   佔有是自我貪取的私愛,
   奉獻是武私喜捨的大愛.

6. 도리는
   자신을 다스릴 때 쓰는 것이지,
   남을 가혹하게 요구하는데
   쓰는 것이 아니다.

   道理是拿來要求自己,
   不是用來苛求他人

7. 타인의 디딤돌이 되는
   마음 씀이 있어야 하고,
   타인을 성취시켜 주는
   도량이 있어야한다.

   要有當別人墊腳石的心量
   要有成就他人胸襟

8. 타인의 오해를 초래한 것은,
  바로 자신의 탓이다.

    讓人產生誤解,
    就是自己的不是.

9. 일을 행할 때는
  한 번 더 남을 위해 생각하고,
  실수를 저지를 때는
  자신을 한 번 더 점검하라.

    做事時多爲別人想人想
    犯錯時多對自己看一看.

10. 상대방에 겸양하여 자신을 성취시키고,
 상대방을 존중하여 적대감을 없애며,
 상대방을 칭찬하여 화목을 키워라.

    以禮讓對方來成就自我
    以尊重對方來化解敵意
    以稱讚對方來增進和諧.

11. 스스로를 놓아주지 못하는 것은
 지혜가 없는 것이요,
 남을 놓아주지 못하는 것은
 자비가 없는 것이다.

    放不下自己是沒有智慧,
    放不下他人是沒有慈悲.

12. 사람을 만날 때,
 "당신을 위하여 행복을 빕니다"라는
 한 마디로 우의를 얻을 수 있고,
 평안을 누릴 수 있다.

 與人相遇, 一聲,「我爲你祝福」
 就能贏得友誼, 穫得平安.

13. 사람들에게 우정을 베풀고,
 구원의 손길을 내미는 것은
 곧 화목과 즐거움과
 평안의 빛을 발산하는 것이다.

 對人付出友誼, 伸出援手
 就是在散發和樂平安的光芒.

14. 헐뜯는 말을 줄이면
    시비가 적어지며,
    더 진실 할수록
    더욱 평안하다.

    少點口舌少是非,
    多點眞誠多平安.

15. 자신의 장점을 인정함은
    자신이 있음이요,
    자신의 결점을 아는 것은 성장이며,
    남의 입장을 이해하는 것은 존중이다.

    肯定自己的優點是自信,
    瞭解自己的缺點成長,
    善解他人的立場是尊重.

16. 중생의 행복은
 끌어 올리고,
 자아의 성취는
 내려놓아라.

    要把眾生的幸福提起
    要把自我的成就放下.

17. 아랫사람과 일을 할 때
 질책보다 관심을 보여주고,
 지도보다 격려를 하며,
 명령보다 상의를 하여라.

    與下屬共事, 當以關懷代替責憊,
    以勉勵代替輔導, 以商量代替命令.

18. 강인한 자는 남에게 상처를 주고
 자기도 이로움이 없고,
 유연한 자는 모두와 화목하여
 자신도 반드시 편안하다.

 剛强者傷人不利己,
 柔人者和衆必自安.

19. 남을 안심시킬 수 있는 자는
 반드시 대중을 화목하게 하는 자이며,
 남을 심복시킬 수 있는 자는,
 반드시 유연하고 참을성이 있는 자로서
 화목을 대중을 모을 수 있고,
 유연함은 강인함을 이길 수 있다.

 安人者必然是和衆者, 服人者必然是柔忍者
 因爲和能合衆, 柔能克剛.

20. 생명의 뜻은
   끊임없는 배움과 봉사에 있다.
   남을 성취시켜주고,
   자기도 성장할 수 있다.

   生命的意義在不斷的學習與奉獻之中
   成就了他人, 也成長了自己.

21. 분수를 알고
   지혜로운 관계를 맺는 사람은,
   절대로 모임에서 사람들과
   쓸데없는 수다를 떨지 않는다.

   有智慧作分寸的人,
   一定不會跟人家喋喋下休

22. 화목하게 사람들과 함께 지내면,
    평안하고 좋은 나날을 보낼 수 있다.

    和和氣氣與人相處, 平平安安日子好過.

23. 똑똑한 사람이라 하여
    반드시 지혜가 있는 것이 아니요,
    우둔한 사람이라 하여
    꼭 지혜가 없는 것이 아니다;
    지혜는 지식이 아닌,
    사람들에 대한 처세 태도이다.

    聰名的人, 不一定有智慧, 遇魯的人,
    下一定沒有智慧; 智慧不等於知識,
    而是對人處事的態度.

24. 자비는

 타인의 괴로움을 감소시켜주고,

 지혜는

 자신의 괴로움을 감소시켜준다.

 爲他人減少煩惱是慈悲,

 爲自己減少煩惱是智慧.

25. 자기 신발을

 남에게 신으라고 하지 말고,

 남의 문제를

 자신의 문제로 만들지 마라.

 不要拿自己的鞋子叫別人穿

 也不要把別人的問題變成自己的問題.

단순한 삶

26. 중생의 고난을
 부지런히 살펴주는 것은
 큰 공덕이요,
 중생의 문제를
 즐겨 해결하는 것은
 큰 지혜다.

 勤於照顧衆人的苦難是大福報,
 樂於處理大家的問題是大智慧.

27. 세상의 모든 현상이
 무상이란 사실을 이해하면,
 마음속 세상의
 진정한 평안을 이룰 수 있다.

 認清世間一切現象都是無常的事實
 就能完成內心世界的眞正平安.

28. 만나는 이들과
 원한을 맺지 않고
 은덕을 맺으면,
 필시 사람들과 화목하고,
 즐겁게 살 수 있다.

   逢人結恩不結怨,
   必能和諧相處, 生活愉快

29. 미소 한번,
 좋은 말 한마디,
 이는 모두가
 선한 인연을 맺는 큰 보시다.

   一個笑容, 一句好話
   都是廣結善緣的大布施

30. 쓸데없이 성질부리는 것을
 줄일 수만 있다면,
 필요 없는 괴로움도 적게 생긴다.

   只要少鬧一些無意義的精緒,
   便能少製造一些不必要的煩惱.

31. 봉사는
 은혜를 보답하기 위한 것이며,
 참회는
 자기를 다스리고자 하는 것이다.

   奉獻是爲了報恩,
   懺悔是爲了律己.

32. 몸과 마음을 다하여
    남을 이롭게 하고
    자신도 성장하는 사람은,
    곧 성공한 사람이다.

    凡是盡心盡力以利益他人來成長自己的人,
    便是一位成功者.

33. 처세와 일의 처리에 있어
    '속은 모가 나고,
    '바깥은 원만'해야 한다.
    속이 모가 나는 것은 원칙이며,
    바깥이 둥근 것은 통달함이다.

    做人處事要「內方」而「外圓」,
    「內方」就是原則,「外圓」就是通達.

34. 우리는
    남을 도울 능력은 없을지언정,
    최소한 남을 해치는 짓은
    멈추어야 한다.

    當我們無力幫助他人
    至少可以停止傷害別人

35. 말에 덕을 쌓고,
    말에 잘못을 줄이는 것이,
    곧 복을 키우고
    기원하는 큰 공덕이다.

    多積一點口德 少造一點口過
    就是培福求福的大功德

36. 인생은

　　화목 속에 발전을 추구하고

　　노력하는 중에 희망이 보인다.

　　人生要在和諧中求發展

　　又在努力中見其希望.

37. 성패득실의 마음을 줄이고,

　　적시에 노력하여

　　힘써 나아가는 마음을 늘리면,

　　성공의 확률은 자연히 늘게 된다.

　　少點成敗得失心, 多點及時努力的精進心

　　成功機率自然會增加.

38. 가정의 따뜻함은
 서로를 존경하고
 사랑을 나누는데 있으며,
 가정의 귀중함은
 서로를 돕고 양해를 하는데 있다.
 家庭的溫暖在於互敬互愛,
 家庭的家貴在於互助互諒

39. 주인이 되려면,
 얻음과 상실에 대한 집착을 줄이고,
 성심과 신용과 명예를
 마음에 간직하라.
 그러면 승산이 있다.
 做者闆, 得失心要少一些, 把誠心
 信譽放在心上, 便會有勝算.

40. 유언비어를 들으면,
우선 마음을 가라앉혀
자신을 반성하고,
사실이면 고쳐 잡고,
아니라면 자신을 격려하라.
만약에 마음이 들떠있고 조급하면,
유언비어의 살상력은 더욱 커진다.

   流言蜚語
   先要靜下心來反省自己
   有則改之
   無則勉之. 如果心浮氣躁
   流言的殺像力會便大.

41. 마음속의 고난은,

    우리의 지혜를 높아지게 하고;

    생활 속의 고난은,

    우리의 공덕을 증가 시켜준다.

    > 內心的苦難, 增長我們的智慧;
    > 生活的苦難, 增進我們的福報

42. '생명'에 대해서는,

    무한한 희망을 품고;

    '죽음'에 대해서는,

    언제든지 이 세상을

    떠날 준비를 하여야 한다.

    > 對我「生命」, 要充滿無限的希望;
    > 對於「死亡」, 要隨時做好往生的準備.

43. 자신이
 '필요한 것'인가를
 분명히 알아야 하고,
 개인의 욕망인
 '원하는 것'을 없애야 한다.

 清楚知道自己的「需要」
 化解個人欲望的「想要」.

44. 무슨 일이든
 긍정적으로 받아들이고,
 사고방식은 역으로 하여라.

 凡事要正面解讀,
 逆向思考.

45. 실패하면 다시 노력하고,
    성공하면 더욱 노력하는 것이,
    곧 사업을 안착 시키며
    즐길 수 있는 준칙이다.

    失敗了再努力, 成功了要更努力
    便是安業樂業的準則.

46. 환경보호의 제일 중요한 개념은
    '간소' 함이다.
    간소하게 생활을 지내는 것이,
    곧 생활의 환경보호이다.

    環保最重要的觀念就是「簡素」,
    簡素一點過生活, 就是生活環保.

47. 성숙한 사람은
   과거를 개의치 않고,
   똑똑한 사람은
   지금을 의심하지 않고,
   활달한 사람은
   미래를 걱정하지 않는다.

   成就的人不在乎過去, 聰明的人不懷疑現在,
   豁達的人不擔心未來

48. 역경과 순경은
   모두 진일보하기 위한 인연이며,
   이를 평상심과
   감사의 마음으로 대하여라.

   順逆兩種境遇都是增上因緣
   要以平常心與感恩相待.

49. 과거, 미래, 명예, 지위,
이 모두를
자신과 무관한 것으로 여기며,
다만 적극적으로 살고,
기쁘게 지내는 것을 바라는 것이,
곧 행복하고 자유자재한 인생이다.

 過去, 未來, 名位, 職稱
 都要看成與自己無關, 但求過得積極
 活得快樂, 便是幸福自在的人生.

50. 학력은
신분을 의미하지 않으며,
능력은
인격을 의미하지 않는다.
명예는
품격을 의미하지 않으며,
직업에는
귀천이 없다.
오로지
생각과 행동이
모든 것을 결정한다.

 學歷不代表身分, 能力不代表人格
 名位不代表品德 工作沒有貴賤
 觀念及行爲卻能決定一切.

51. 불쾌함을 없애는 방법은,
   진실하고, 주동적이며,
   명쾌하여야 하고,
   주저하거나, 피동적으로
   기다리지 마라.

   化解不愉快的方法, 是要誠懇
   主動, 明快, 不有猶豫, 被動, 等待.

52. 세상사의 일을 함에 있어,
   어렵지 않은 일이 없다.
   자신감과 인내심으로 일을 하면,
   적어도 어느 정도의 성적은 낼 수 있다.

   做世間事, 沒有一樣沒有困難,
   只要抱著信心和耐心去做,
   至少可以做出一些成績.

53. 바로 지금 이 순간을 살며,
    과거를 후회하지 않고,
    미래를 걱정하지 마라.

    活在當下,
    不悔惱過去,
    不擔心未來.

54. 압력을 해소하는 최선의 방법은,
    얻음과 잃음에 대한 마음을 줄이고,
    감상하는 마음을 지니는 것이다.

    減輕壓力的好辦法,
    就是少存一些得失心
    多用一點欣實心.

55. 과거에 대해서,
 원망과 후회가 없고;
 미래에 대해서 적극적으로 준비하고;
 지금 이 순간에 대해선,
 신중하고 성실하게 살아라.

 > 對於過去, 無怨無悔;
 > 對於未來, 積極準備;
 > 對於現在, 步步踏實.

56. 말로만 은혜를 감사하지 말고,
 행동으로 은혜를 보답하여라.

 > 不要光是口說感恩,
 > 必須化爲報恩的行動.

57. 무슨 일이든
    우선 조급하지 말고,
    맞는 사람을 찾고,
    맞는 방법을 쓰면,
    적당한 시기에는,
    무사히 난관을 통과할 것이다.

    凡事先不要著急, 找對人,
    用對方法 在適當的時機, 即可安然過關.

58. 자아의 이해득실을 버리면,
    천지만물을 통달하는 지혜가 생긴다.

    把自我的利害得失放下,
    才能有通達天地萬物的智慧.

뜻대로 이루어지며

상서로움

59. 병은 의사에게 맡기고,
 생명은 보살에게 맡겨라.
 그렇게 하면 스스로는
 아무 일이 없는 건강한 사람이다.

> 把病交給醫生, 把命交給菩薩, 如此一來
> 自己就是沒有事的健康人

60. 사람은
 종종 자기를 제대로 모르기에,
 자신에게
 불필요한 괴로움을 초래하게 된다.

> 人往往因爲沒有認淸自己,
> 而給自己帶來不必要的困擾.

61. 인생의 우선 중요한 일은
    사람됨을 익히는 것이다.
    그는 바로 마음을 다하고,
    온힘을 다하고,
    책임을 다하며,
    본분을 다하는 것이다.

    人生第一要務是學做人, 那就是盡心,
    盡力, 嗔責, 盡份.

62. 사사로운 일은
    '정'으로 처리해도 되나,
    공적인 사무는
    반드시 '이'(이치)로 행하라.

    處理私人的事可以用「精」, 處理公共事務,
    就必須用「理」.

63. 얻을 수 없는 사물을
 얻기 위해 싸우느니
 소유하고 있는 것을
 귀하게 여기고 선용 하여라.

 與其爭取不可能得到的東西,
 不如善自珍惜運用所擁有的.

64. 과거, 미래, 그리고
 좋고 나쁨에 연연하지 말고,
 자신의 지금 현재만을 잘 관리하여라.

 不要管過去, 未來, 以爲所有一切的好壞
 最好只管你自己的現在.

65. 진정으로 모든 것을
 내려놓을 수 있으면,
 모든 것을 포용할 수 있고,
 모든 것을 소유할 수 있다.

 苦能眞正放下一切,
 就能包容一切, 擁有一切.

66. 잡을 수 있음은 (수행의) 방법과
 힘을 입기 시작하는 것이며,
 놓을 수 있음은 다시 잡기 위함이다;
 진보는 잡고 놓는 그 중에 있으며,
 계속 증진한다.

 提得起是方法, 是苦力的開始
 放得下是爲了再提起:
 進步便在提起與放下之間, 級級上升.

67. 타인과 높고 낮음을 비교 하느니,
자신의 몸과 마음을 다하여라.

> 不要跟他人比高比低,
> 只要自己盡心盡力.

68. 우리의 환경은
여태껏 좋았던 적도 없었고,
또 그렇게 나빴던 적도 없었다.
개인이 어떻게 대하고
보는 가에 달려있을 뿐이다.

> 我們的環境從來沒有好過,
> 也沒有那麼壞過, 就看自己怎麼看待.

69. 재난을 당한 후에,
 긍정적으로 사색을 하는 계기가 되며,
 사람들은 재난 중에
 많은 교훈을 얻을 수 있다.

   災難之後, 是往正面思考的契機,
   人可以由災難中則到很多教訓.

70. 탐욕이 없고, 집착이 없으면,
 곧 존엄을 지킬 수 있으니,
 다른 사람들이 어떠할 수 없는 것이다.

   只要無所貪求,
   無所執著,
   卽能保有尊嚴
   他人是奈何不得的.

71. 모든 인연을
    바로 그때
    각각 소중히 다루면,
    바로 그때가,
    모두 유일무이한 것이다.

    苦能珍惜當下每一個因緣, 每一個當下
    都是獨一無二的.

72. 무슨 일이든
    자신을 개입시키면,
    곧 문제가 되고 성가신 일이 생긴다.
    주관적인 자아 득실을 버리면,
    곧 얽매임에서 벗어 날 수 있다.

    任何事如果把自己放進去, 就有問題
    有麻煩, 除掉主觀的自我得失, 就得解脫了.

73. 즐거움은,

　　명예와 부귀의

　　높고 낮음에서 오는 것이 아니라,

　　마음속에 바라는 것이 적고,

　　넉넉함을 느끼는 데서 오는 것이다.

　　　快樂, 並不是來自名利的大小多少,

　　　而是來自內心的知足少慾

74. 말에 책임을 지고,

　　진심으로 말을 하며,

　　선의로 좋은 말을 하는 것이,

　　곧 말씀으로 이루는 것이다.

　　　說話算話, 用眞心講實話

　　　用好心講好話, 就是立言.

75. 비록 평범한 사람이지만,
   책임감을 세워야 하고,
   집착하는 마음은 놓아야 한다.

   雖然身爲平常人, 責任心要擔起來
   執着心應放下些.

76. 바쁘다고 어쩔 수 없다 하지 말고,
   한가하다고 무료해하지 말아야,
   물결에 따라 흐르지 않고,
   막연함과 무지함을 면할 수 있다.

   忙時不要覺得無奈, 閒時不要覺得無聊
   才不致隨波逐流, 茫茫然不知所以.

77. 일이 순조로울 때,
    자만하여 처지를 잊지 말고,
    일에 풍파가 있다 해도,
    의기소침할 필요 없다.

    一帆風順時, 不要得意忘形;
    一波三折時, 不必灰心喪志.

78. 비좁은 마음에
    끝없는 욕심까지 부리면,
    비록 생활은 부유하게 살지라도,
    여전히 즐겁고 행복하지 못한다.

    如果心量狹小又貪得無厭
    縱然生活富裕, 仍然不會快樂辛福

79. 인생은

평범함 중에 발전을 구해야 하고,

고난 속에서 그 빛을 볼 수 있다.

人生要在平淡中求進步

又在艱苦中見其光輝.

80. 인생은

안정 속에서 넉넉함을 찾아야 하고,

단련 중에서 장엄함을 볼 수 있다.

人生要在安定中求富足

又在鍛鍊中見其莊嚴.

81. 안정된 성미를 지니고 있어야,

확고부동한 기초에 서 있을 수 있다.

擁有穩定的情緒, 才是立於不敗之地的基礎.

마음의 성장

82. 마음이 상황에 따라 변하지 않음은,
선정의 실력이며,
마음이 상황으로부터 떠나지 않음은,
지혜의 작용이다.

　心不隨境, 是禪定的工夫;
　心不離境, 是智慧的作用.

83. 후퇴하여 전진하며,
침묵으로 대변하고,
타인에게 봉사하여
자신을 성취하는 것이
최적의 방법이다.

　以退爲進, 以默爲辯
　以奉獻他人爲成就自己的最佳方法.

84. 부처님은

   마음속에 있고,

   부처님은

   입속에 있으며,

   부처님은

   우리의 일상생활 중에 있다.

   佛在心中, 佛在口中,
   佛在我們的日常生活中.

85. 자비는

   이성을 갖춘 감정이요,

   지혜는

   융통성을 갖춘 이성이다.

   慈悲是具有理智的感情
   智慧是福有彈性的理智.

86. 동·서·남·북 사방이
모두 좋은 곳이요,
다니고, 머물고, 앉고, 눕는
모두가 도를 닦는 것이다;
항상 진심으로
부끄러움을 알고,
뉘우치며,
은혜를 갚는 것이
제일 높은 품위이다.

南北東西都很好, 行住坐臥無非道;
心中常抱眞慚愧, 懺海報恩品最高.

87. 도를 닦는 이는
 진실하게 마음을 열고,
 서로 성실로 대하고,
 사념과 악념이 없어야 한다.
 즉 '곧은 마음이
 바로 도량(道場)'이라는 것이다.

　修行人要開誠佈公,
　眞誠相待,
　不存邪念惡念,
　就是所謂的「眞心是道場」.

88. 괴로움이 떠오를 때,
    대항하지 말고,
    부끄러워하는 마음,
    뉘우치는 마음,
    감사하는 마음으로 이를 없애라.

    當煩惱現前, 不要對抗, 要用慚愧心
    懺悔心, 感恩心來消融

89. 성실하게 생명을 체험하는 것이,
    곧 선(불법)을 닦는 것이다.

    踏實的體驗生命, 就是禪修.

90. 건강한 마음과 몸이 있는 것이야 말로,
    생명 속에 제일 큰 재산이다.

    擁有身心的健康, 才是生命中最大的財富.

91. 숨을 쉬는 것이 곧 재산이며,
    살아있는 것이 곧 희망이다.

    呼吸卽是財富, 活著就有希望.

92. 마음속에 '매듭'이 지어질 때,
    자기 마음안의 생각이 일어나고
    움직이는 곳을 관찰하여라.

    心裡如果「打結」了,
    最好能向內觀看自己的起心動念處.

93. 괴로움에 부딪쳤을 때,
    가장 좋은 방법은
    자신의 숨 쉬는 느낌을 즐기는 것이다.

    被煩惱撞著了
    此時最好享受自己呼吸的感覺.

94. 마음에 장애가 있으면,
눈 안의 세상은
모두 불공평하게 보이며;
마음에 방해가 없으면,
눈앞의 세상은 모두 아름답게 보인다.

心中有阻礙時, 眼中的世界皆不平;
心中無因擾時, 眼前的世界都美好.

95. 마음이 개운치 않는 것이
바로 괴로움이요,
심정이 활달하면
괴로움을 즐거움으로 전환할 수 있다.

心不開朗就是苦,
心境豁達就能轉苦爲樂.

96. 생멸의 현상은
  세간의 예사로운 상태이며,
  생멸의 현상을 꿰뚫어볼 수 있다면,
  곧 지혜로운 사람이다.

  生滅現象是世間常態,
  若能洞察生滅現象, 便是智者.

97. 마음을 돌리면,
  운명도 좋게 돌아갈 수 있다.

  把心念轉過來,
  命運也就好轉過來

98. 지혜란,
    단지 경전만을 통달하는 것이 아닌,
    번뇌를 전환할 수 있는
    교묘한 편리와 변통이다.

    智慧並不只是通達經典,
    而是要有轉化煩惱的巧妙方便.

99. 번뇌는 즉 보리이다.
    이는 번뇌가 없다는 것이 아니다.
    비록 번뇌는 있으나,
    이를 번뇌로 여기지 않는 것이다.

    煩惱卽菩提, 並不是說沒有煩惱,
    而是雖然有煩惱, 但是你不以它爲煩惱.

100. 마음이 평온하고
 태도가 온화하면,
 생활은 즐거워 질 수 있다.

   只要心平氣和, 生活便能快樂.

101. 노여울 때는
 "돌이켜 자기를 비추어 보아라"를
 배워 익혀, 자신의 심념을 비춰보고
 왜 노여운 가를 자문하라.

   面對生氣, 要學會「反觀自照」,
   照一照自己的心念, 問一問爲什麼要生氣?

102. 걱정을 하면 곧 일이 생기고,
 걱정을 놓으면 아무 일도 없다.

   操心就有事, 放心便無事.

103. 자아 긍정으로 시작하여,
 자아 향상을 하고,
 자아 해소를 하는 것까지가
 '자아'에서 '무아'로 이르는
 수행의 삼단계이다.

> 從自我肯定, 自我提昇, 到自我消融,
> 是從「自我」到「無我」的三個修行階段.

104. 선한 인연의 만듦을 중요시하고,
 좋은 결과만 누릴 기대를 하지 마라.

> 要重視善因的培育,
> 不要只期待美果的享受.

105. 자신의 지혜가
부족함을 인식을 할 때,
지혜는 이미 모르는 사이에
높아가고 있다.

當你體認到自己的智慧不足時,
智慧已經在無形中增長了.

106. 마음은 벽 같아야 한다.
움직이지는 않으나,
확실히 작용은 하고 있어야 한다.

心要如牆壁,
雖然不動, 確有作用.

107. 먼지가 없는 거울이 되어야 한다.
　　　모든 사물을 밝게 비추되,
　　　모든 사물이 묻지도 않는다.

> 要做無塵的反射鏡
> 明鑑一切物, 不沾一切物.

108. 모두들 맹목적으로 다투고 싸울 때,
　　　다른 길을 택해 가는 것이 제일 좋다.

> 當大家都在盲目地爭奪之時
> 你最好選擇另外一條路走.

III
자비로
서원을 실천함

1. 선행과 악행은
   마음 순간에 달려 있으며,
   복덕과 지혜는
   마음 안에서 닦는다.

   爲爲善惡在一念間,
   修修福慧於方寸中.

2. 작은 불똥 하나로
   들판을 태울 수 있고,
   자그마한 착한 소원 하나가
   세상을 구할 수 있다.

   星星之火足以燎原,
   小小善願能救世界.

3. 천지는 낳고 배양하는 큰 덕이 있는데,
   우리라고 어찌 자비스러운
   큰 뜻을 품지 않을 수가 있겠는가.

   天地有作育大德
   我豈無慈悲宏願

4. 중생을 구제하는 것은
   들어 올리는 것이요.
   구제하였다는 일에
   집착하지 않는 것은
   내려놓는 것이다.

   救度衆生是提起,
   不住著相是放下.

5. 온갖 세상이 변화하나,
   마음은 물들지 말며,
   곳곳이 어려운 가시밭이나
   죽장 짚고 꾸준히 나아가라.

   漫天紅塵心勿染,
   遍地荊棘杖竹行.

6. 자비는
   봄바람과 비가 새싹을 잘 돋게 하는
   훌륭한 스승의 가르침일 것이며,
   지혜는
   햇빛으로 온 세계의 중생에게
   두루 비추어 주는 것이다.

   慈悲必春風化雨,
   智慧當日光普照.

7. 자비는 괴로움을 없애고(悲)
   기쁨을 준다(慈).
   지혜는 죄를 멸하고(智),
   미혹을 차단한다(慧).
   慈悲攏苦慈予樂,
   智火滅罪慧斷惑.

8. 대지혜가 있고
   큰 서원을 세우면,
   복덕이 무한하고
   수명 또한 무한하다.
   有大智慧有大願,
   無量福德量壽.

9. 만약 마음속에서
   부처의 본성과
   덕을 볼 수 있다면,
   번뇌와 고통이 불타는
   사바세계에도 붉은 연꽃이 필 것이다.

   若見心中如來藏,
   三界火宅化紅蓮.

10. 집착하는 바 없이
    맑고 깨끗한 마음을 일으키는 것은
    곧 자비문에 들어선 것이다.

    應無所住而生其心,
    是入慈悲門.

11. 부처의 깨달음을 구하는
    마음 중에는
    두려움을 없애주는
    보시가 있다.

    道心之中有施無畏.

12. 온갖 인연을 내려놓을 수 있을 때는,
    중생을 홀로 어깨에 짊어질 수 있다.

    放下萬緣時,
    衆生一肩挑

13. 몸과 마음을 편안하게 하면,
    가정과 일이 안정된다.

    安寧身心靈,
    安定家與業.

14. 남산의 늙은 소나무는
    진작 노쇠했는데,
    북두의 수성은
    아직도 젊구나.

    南山老松早已衰老,
    北斗壽星尚甚年輕.

15. 신룡은
    깊고 큰 못에 몸을 숨기고,
    맹호는
    험준한 절벽과 위험한 굴에 몸을 눕힌다.

    神龍潛藏深潭大澤,
    猛虎高臥危崖險窟.

16. 불법에는 다른 것은 없고,
    오직 한 가지 맛만 있으니,
    자신과 남을 이롭게 하는
    해탈의 맛이다.

    佛法無他, 只有壹味,
    自利利人的解脫味也

17. 항상
    관세음보살님을 지념하여라.
    마음이 안정되면
    곧 평안도 찾아올 것이다.

    常念觀音菩薩,
    心安就有平安.

18. 산을 찾아 참배하는 수행을 하면,
복을 기원하고 재앙을 없애는
소원이 쉽게 이뤄질 것이다;
입으로 음창하고 귀로 들으며
공경한 마음을 갖고,
삼보일배로 앞을 향해 나아가라;
심신이 상쾌하며
좋은 감응이 있을 것이며,
업장이 소멸되어
복덕과 지혜는 늘어날 것이다.

朝山禮拜來修行, 祈福消煩惱易成。
口唱耳聽, 心恭敬, 三步一拜向前行;
身心舒暢好感應, 業消障除福慧增.

19. 한 사발로
천 가구의 양식을 걸식하며,
스님 홀로
죽장 짚고 만 리길 간다;
인연 따라
탁발과 교화를 하나
소유하지 말아야 하고,
인연이 다하면
육체의 구속을 풀고
두 손을 놓는다.

　一鉢乞食千家飯, 孤僧杖竹萬里遊:
　隨緣應化莫擁有, 緣畢放身撒兩手.

20. 내려놓는다는 것은
포기하다와 다르다.
곤경에서 벗어나기 위한 것이요.
잡기 위한 것이다;
놓을 줄 알아야 잡을 수도 있다.
잡고 놓는 것이 자유로워야
비로소 자유자재한 사람이다.

 放下不等放棄, 是爲脫因, 是爲提起;
  要能放下才能提起, 提放自如是自在人

세상의 지혜

21. 일을 마주할 때는
    긍정적으로 해독하고
    사고방식은 역으로 하며,
    일을 이룰 때는 방향을 확립하고
    끈기 있게 해나가야 한다.

    遇事正面解讀逆向思考
    成事確立方向鍥而不捨.

22. 길을 가다
    가파른 낭떠러지를 만나도
    지나가야 하며,
    마침 인간세상의
    선경을 지나더라도 머무르지 마라.

    路遇懸崖峭壁走過去,
    巧過人間仙境莫逗留.

23. 부와 권세는
 사회와 함께 누리는 것에 속하고,
 재난이나 복덕 혹은
 괴로움이나 즐거움은
 바로 각자의 인연이다.

    權勢財富屬社會共享,
    禍福苦樂乃各人因緣

24. 명리와 권위로 유혹하여도
 마음이 흔들리지 않으며,
 천군만마 속에 빠져도 두려움이 없다.

    誘以名利權位不動心,
    陷於千軍萬馬無所懼.

25. 하늘과 땅은 잘못됨이 없으니,
    자신의 마음가짐이 잘못된 것이요,
    이 사람 저 사람
    모두다 도리가 있으니,
    자신이 도리가 없는 것이다.

    天下錯地不錯是心錯,
    他有理你有理我沒理

26. 효도와 덕행을 갖춘 자손이
    어찌 그리 적은지 원망하지 말고,
    자녀교육을 어찌 하였는가 물어라.

    莫怨孝子孫何其少,
    但問養育兒女怎麽敎.

27. 학문의 영역은 연구를 중시하고,
경험의 범주는 바로 실천에 있다.

　　學問的領域重在研究,
　　經驗的範疇則爲實踐.

28. 길고 긴 밤 꿈을 꾸지 않으면
봄밤이 짧고,
한없이 넓은 고통의 바다에
배 한 척 있으면
맞은편 기슭에 가까워진다.

　　漫漫長夜無夢春宵短,
　　茫茫苦海有船彼岸近.

29. 반야(지혜)의 방망이에 의하여
 무수한 장애를 부수고,
 복덕의 도끼를 운영하여
 인간세상의 정토를 지어라.

> 倚般若杵碎萬千障礙,
> 運福德斧建人間淨土.

30. 반야선을 타고
 고통의 바다에서 널리 구제하고,
 항상 열반산에 올라
 심성이 흔들리지 않게 한다.

> 駕行般若船苦海普渡,
> 常登涅槃山心性不動.

31. 강산은 여전해도,
  경치는 달라지니;
  세월이 오래 지나면,
  세상일도 전부 달라진다.

  河山猶在, 景物遷移,
  　日月長運, 人事全非.

32. 하늘나라와 인간세상의
  기쁨과 고통은,
  자신의 마음이 만들었고
  이의 결과는
  자신이 받아들일 것이다.

  天上人間樂與苦,
  　自心造作身受.

33. 파란 산과 푸른 물이
    불법을 말하고 있고,
    새의 지저귐과 꽃의 향기도
    묘법을 말하고 있다.

    青山綠水廣長舌,
    鳥語花香說妙法.

34. 교육은
    천년 가는 큰 사업이고,
    도덕과 재능은
    백대를 거쳐 가는 본보기이다.

    教育爲千秋大業,
    賢能乃百代楷模

35. 물 깊기가 천 길이라도
    결국엔 바닥이 있고,
    산 높기가 만 길이라도
    바다 속에서 솟아오른 것이다.

    水深千丈終見底,
    山高萬里海中昇.

36. 불사 안의 생활은
    나날이 좋은 날이요,
    여기저기 다니며 수행하는 발걸음은
    꽃과 풀 속에서 스쳐 다닌다.

    雲門日日是好日,
    行脚步步履芳草.

37. 세상에 본래부터
 더럽고 깨끗한 것은 없으니,
 단지 스스로 구분 지으려는
 마음에 의한 것일 뿐이다.

 世間本無垢與淨,
 祇緣自起分別心.

38. 저녁 해가 서쪽으로 지면
 내일 다시 볼 수 있고,
 아침 해가 동쪽으로 떠오르면
 해질녘이 가까워진다.

 夕陽西下明天見,
 旭日東昇近黃昏.

39. 연극 밖에서 연극을 보더라도
연극임을 잊으니,
꿈속에서 꿈을 꾸면서도
꿈인 줄 모른다.

　　戱外看戱忘了戱,
　　夢中作夢不知夢.

40. 비, 이슬, 서리와 눈은
본래 주체가 아니니,
바람, 구름, 천둥과 번개의
때에 맞춰 나타나는 것이다.

　　雨露霜雪本無主,
　　風雲雷電應時現

41. 위기가 전환점이 되는 시기로 바뀌면,
    막다른 길도 활로가 된다.

    危機化爲轉機時,
    絶路走出活路人

42. 천당과 지옥은
    마음이 만들어 냈으며,
    부처가 되고 종파를 세우는 일은
    마음 밖에서 찾을 수 없다.

    天堂地獄由心造,
    成佛作祖心外無.

43. 미혹에 갇혀있음을 발각하면
 이미 깨달음에 가까워진 것이고,
 미혹 속에 있음을 알고
 깨닫지 못함은
 잘못 중의 잘못이다.

 警覺執迷已近悟,
 知迷不悟錯中錯.

44. 인생은
 꿈과 같다고 누구나 말하지만,
 어찌 한평생
 꿈속에서 깨어나지 못하는가.

 人生若夢誰都會說,
 終生作夢怎麼不醒.

45. 수많은 계획에 일생이 분주하나,
    모든 인연을 내려놓으면
    앞길이 찬란하다.

    百千計畵忙碌一生,
    萬緣放下前程似錦.

46. 목이 말라야 우물을 파면
    급한 일에 도움이 못되나,
    즉각 불도를 배우면
    즉시 미혹을 풀 수 있다.

    臨渴掘井緩不濟急,
    卽時學佛卽時解惑.

47. 일이 생겨 근심하지 말라 하기보다,
    일이 없음을 기뻐하는 게 낫다.
    勿因有事而憂,
    寧爲無事而喜.

48. 선의 가르침은
    곧 마음의 가르침이다.
    모든 현상은
    마음에서 생기고 소멸한다.
    禪法卽是心法,
    萬法由心生滅.

49. 큰 꿈에서
  먼저 깨닫는 사람은,
  허황된 뒤바뀐 생각서
  벗어날 수 있다.

    大夢誰先覺,
    離夢想顚倒

50. 사람 위에 또 뛰어난 사람이 있으며,
  산이 높으면 또 흐르는 물도 길어진다.

    人上有人,
    山高水長.

51. 걸음은 몸을 건강하게 단련하며,
나아가 마음을 단련하고
수행할 수 있다.
빠른 걸음은 망념을 없애주고,
느린 걸음은 지혜를 개발하고
선정을 연습할 수 있다.

  走路健康鍊身, 便可修行鍊心
  快走驅遣妄情, 慢走發慧習定.

52. 진월이나 만월 시기에,
밤도 따라 흐리거나 밝다;
비바람 내리는 밤에 달은 안보이지만,
달은 여전히 밝다.

  月缺月圓日, 若晦若明時;
  風雨無月夜, 月亮本常明.

53. 세속의 경지 :

    몸은 바람 맞아 서있는
    회화나무와 같고,
    마음은 가을 달이 비치는
    조용한 호수와 같다.

    世俗境:
    身如玉樹臨風。心如平湖秋月.

54. 수행의 경지 :

    몸은 보리나무 같으며,
    마음은 말끔한 경대와 같다.

    修行境:
    身是菩提樹, 心如明鏡臺.

55. 깨달은 후의 경지 :
　보리는 본래 나무도 없었고,
　말끔한 마음도 역시 경대가 아니었다.

　　悟後境;
　　菩提本無樹, 明鏡亦非臺.

56. 모양과 현상이
　있음이나 없음이나,
　참으로 비었는가,
　거짓으로 비었는가,
　모두 매한가지다.

　　有相無相有無相,
　　眞空假空眞假空.

57. 벗을 사귈 때는
정직하고 견문이 넓은 사람과 사귀고,
부처를 믿을 때는
기괴한 신통력을 피해야 하며,
불법을 배울 때는
여기저기 문벌을 찾아
더듬고 다니지 말 것이며,
승려를 공경할 때는
개인을 무턱대고
따르는 것을 삼가야 한다.

   交友應交直諒多聞, 信佛當避怪力亂神
   學法幸勿到處摸門, 敬僧切忌盲從個人

감은과 복의 배양

58. 복은 많든 적든
 모두 배양해야 하며,
 은혜를 알고 마음에 두고
 필히 갚아야 한다.

   多福少福當培福,
   知恩念恩必報恩.

59. 자비심은
 원수를 풀어주고,
 지혜는
 번뇌를 쫓아간다.

   慈悲心化解怨敵,
   智慧心驅除煩惱.

60. 공경하는 마음으로
　　삼보를 보호하고 받쳐주며,
　　청정한 마음으로 불법을 널리 알리고
　　중생을 이롭게 하여라.

　　恭敬心護持三寶,
　　清淨心弘法利生.

　　　　　　　*삼보(부처, 부처의 가르침과 제자)

61. 감사하는 마음으로
　　생활을 체험하고,
　　정진하는 마음으로
　　생명을 선용하라.

　　感恩心體驗生活,
　　精進心善用生命.

62. 부끄러워하는 마음은
  복덕을 증가시키고
  참회하는 마음은
  죄업을 소멸시킨다.

  慚愧心增長福德
  懺悔心消滅罪障.

63. 은혜를 마음에 품고
  은혜를 갚으면
  은혜는 계속 이어지고,
  물을 마실 때
  그 근원을 생각하면
  근원은 끊어지지 않는다.

  懷恩報恩恩相續,
  飮水恩源源不絶

64. 강인한 마음은
    난관을 쉽게 지날 수 있게 하고,
    멀리 내다보는 마음은
    큰일을 이뤄낼 수 있게 한다.

    堅靭心易度難關,
    長遠心可成大事.

65. 너의 마음,
    나의 마음,
    모두 부처의 마음과 같으며,
    복을 알고
    복을 아껴
    더 많은 복을 배양하라.

    你心我心同佛心,
    知福惜福多培福.

66. 물 한 방울의 은혜도
 솟아나는 샘물로 갚고,
 밥 한 그릇의 보시도
 몸이 다 닳도록 보답한다.

    涓滴之恩湧泉以饋,
    一飯之施粉身相報

67. 물을 받아 마시면
 물을 남에게도 주어야 하고,
 은혜를 받고 사은하려면
 은혜로써 감사하여라.

    取水飲水以水飲人,
    受恩謝恩用恩謝人

68. 사랑하고 미워하는
　　마음의 매듭을 풀고,
　　자애와 연민,
　　그리고
　　같이 기뻐하고
　　평등한 마음을 배워라.
　　　解開愛恨情仇心結,
　　　學習慈悲善捨心量.

69. 부모의 은혜는
　　천지보다 무겁고,
　　삼보의 덕은
　　갠지스 강의 모래보다 많다.
　　　父母之恩重於天地,
　　　三寶之德多過恒沙.

70. 은혜를 알고
  은혜를 갚는 것은
  물을 마실 때
  근원을 생각하는 것과 같고,
  은정이 얽혀지면 서로를 해칠 수 있다.
   知恩報恩是飲水恩源,
   恩情糾結會相互傷害.

71. 은혜에 감사하는 것은
  일생동안 누릴 수 있는
  복을 받은 것이요,
  원한은 평생을 새끼줄처럼 뒤얽히는
  요사스러운 마장이다.
   感恩是終生受用的福報
   懷恨乃永世糾纏的魔障.

72. 재물을 세상 사람들에게
이롭게 잘 이용을 하지 못한다면,
비단옷 입고 밤길을 다니듯
홀로 거만해 하는 것일 뿐이다.

若不善用財富利益世人,
便像錦衣夜行暗自驕矜.

73. 보시는
부의 가치를 경영하는 것이고,
복을 심는 것은
곧 부의 원인을 중개하는 것이다.

布施是經營財富的價値
種福乃過手財富的原因.

74. 가업이 백년 동안 무너지지 않은 것은
복을 쌓았기 때문이요,
부귀가 삼대를 넘어가지 못하는 것은
이기적이기 때문이다.

　家業百年不墜因爲積福,
　富貴不過三代由於自私

75. 항상 다른 사람에게 봉사하면,
일생이 행복하고;
힘이 있으면서
좋은 인연을 안 맺었으면,
후회해도 소용없다.

　隨時服務他人, 終生幸福
　有力不結善緣, 後悔莫及

76. 하늘을 살펴
때에 맞춰 씨 뿌리고,
나날이 풀을 매고 비료를 주며,
풍성한 수확을 감사하는 달에,
해마다 좋은 해가 되길 기도한다.

看天播種時, 耘草施肥日
豐收感恩月, 祇求年年好年.

77. 인생에서 추구하는
네 가지 아름다운 일은;
복을 구할 때는
먼저 복을 심고,
배양하고, 아껴야 하며;
녹봉을 구할 때는
우선 널리 좋은 연을 맺어야 하고;
장수를 구할 때는
항상 건강을 지키는 것에 힘써야 하며;
기쁨을 구할 때는
먼저 미소로 사람을 대해야 하느니라.

　人生所求四大美事爲: 求福當先種福,
　培福, 惜福, 求緣當先廣結善緣;
　求壽當常保建, 求喜先應笑面迎人

78. 수치심으로
자기를 되돌아보라.
자신에게든 남에게든
늘 노력이 부족하고
기여하는 바가 충분치 못했음을
느끼게 될 것이다.

> 以慚愧心觀自己,
> 時時覺得於己於人總是努力不足奉獻不夠.

79. 수치심으로
자신의 사람됨을 살펴보라.
처신함에 있어
스스로 바른 일과
사악한 일을 반성하고
점검하지 못하면,
언제든 착오를 범할 수 있는
위험이 있다.

> 以慚愧心觀照本身爲人,
> 做人若不自我省察
> 檢點牙正, 隨時有失足之危.

80. 감사하는 마음으로
세상의 사물을 대하라,
처신함에 있어 만약
은혜에 감사하고
보답하는 마음으로
세상에 기여할 줄 모른다면,
흐르는 물이 마르게 될 것이다.

用感恩心看待世界事物,
做人若不感恩圖報
以奉獻世界, 活水便會枯竭.

81. 부부가 백년을 함께 살려면,
서로 존경하고 감사해야 하고,
서로의 장점을 배우며,
서로의 단점은 양해하고,
서로를 사랑하고 도우며 살아야 한다.

 百年相守,
 相互尊敬感恩,
 相互學習所長
 相互原惊缺失,
 相互關愛扶持.

덕을 쌓고 복을 수양

82. 진실에는 틀림없이 감응이 있을 것이고,
    근면하면 만사가 이루어질 것이다.
    眞誠必有應,
    情勤萬事成.

83. 근면으로 어리석음을 보충 할지언정,
    총명함을 믿고 게으르지 마라.
    寧以勤勉補笨拙,
    勿仗聰明而懈怠.

84. 자신에게 엄격하면 손해 봄이 적고,
    남에게 관대하면 이로움이 많을 것이다.
    嚴以律己不虧損,
    寬以待人受益多.

85. 가난함에 있으나
   부유함을 바란다면
   근검해야 하며,
   혼란 속에서 안정을 지키려면
   마음은 흔들리지 말아야 한다.

   守貧望富當勤儉,
   處亂守安不動心.

86. 채소 뿌리지만 담백한 향기가 있고
   베옷도 입으면 따뜻하다.
   부지런하면 몸이 건강하고
   절약하면 부유해 진다.

   菜根情香布衣暖,
   勤勞健康節儉富.

87. 제때에 즐기는 것은 낭만이요,
　　이르는 곳마다 선행을 하는 것은
　　공덕을 쌓는 것이다.

　　及時行樂及浪漫,
　　隨處修善積功德

88. 뛰어난 사람 위에
　　더 뛰어난 사람이 있으니,
　　각자 노력할 뿐
　　남을 부러워하지 마라.

　　能中便有能中手,
　　各自努力莫羨人

89. 충고의 말이
   꼭 듣기 좋은 것은 아니니,
   입에 쓴 것이
   곧 좋은 약이다.

   聽諍言未必順耳,
   嘗苦味的是良樂.

90. 가물 때 기원하여 단비가 내리고,
   한겨울에는 따뜻함을 가져다줄
   사람이 되길 바란다.

   枯旱祇降及時雨,
   隆冬願作送暖人

91. 봉황은
 부귀한 집에 깃들려 하고,
 백학은
 복이 있고 장수하는 집에
 내려앉길 좋아한다.

 鳳凰好棲富貴宅,
 白鶴喜落福壽家.

92. 득실을 염두에 두지 않는다면,
 항상 일이 없는 사람이 될 수 있다.

 心中不存得失想,
 常作世間無事人

93. 재주와 덕행을 함께 갖춤은
    현량한 사람이요,
    능력은 있으나 덕이 없는 사람은
    사회에 해를 끼치는 사람이다.

    才德兼備是賢良,
    有能無德害群馬.

94. 잘못을 깨닫고
    고치는 것은 수치가 아니며,
    백정이 칼을 내려놓으면
    곧 부처가 될 수 있다.

    知過卽改不爲恥,
    放下屠刀立成佛.

95. 부귀는 삼대를 넘어가지 못함을
경계하여야 하고,
권세는 사람을 타락시킬 수 있음을
주의해라.

> 警惕富貴不出三代,
> 小心權勢令人墮落.

96. 예로부터
장군과 재상은
가난한 집안에서 많이 나왔으면,
공적인 일을 위해
자신을 희생하면 천하가 태평하다.

> 自古將相多出寒門,
> 捨己爲公天下太平.

97. 너와 나의 옳고 그름에 대한
 집착을 줄이고,
 남을 좋은 결과로
 성사시키는 언행을 많이 하여라.

 少些人我是非的執着,
 多點成人之美的言行.

98. 만약 부귀를 늘 간직하려면,
 복을 배양하는 것이 중요하며,
 부귀는 주로 복을 쌓는데서 온다.

 若望常保富貴, 培福要緊,
 富貴多從積福來

99. 관세음보살의 명호를
   받아들이고 지념하면,
   무한한 복덕의 이로움을 얻을 수 있다.

   受持觀世音菩薩名號
   得無量無邊福德之利.

100. 남의 밥그릇을 뺏는 것은
   자기가 농사를 짓는 것만 못하며,
   자기 집에 밭이 없다면
   남을 도와 농사를 짓는 것도 좋다.

   爭奪他人飯碗莫如自家耕田
   自家無田可耕田也好.

101. 항상 겸손, 공경, 용서,
관대함의 밥을 먹고,
늘 성실, 겸양, 근면,
절약의 탕을 마셔라.

　常喫謙虛恭敬恕忍寬厚的飯
　多喝誠實謙讓勤勞節儉之湯.

102. 하룻밤에 부자가 되는 것은
벼락부자요,
하룻저녁에 유명해지는 것은
허명이다.
벼락부자의 부유는 지키기 힘들고,
허명은 실속이 없어 누를 끼친다.

　一夜致富是暴富, 一夕成名乃處名
　暴富暴發富難守, 虛名不實名累人

103. 마음 알아주는
벗을 만나기 어려운 것은 정상적이니,
고독하다고
남을 상대하지 않으면 안 된다;
걱정, 고민을 줄일수록
복덕이 증가하고,
사려가 많을수록 장애도 늘어난다.

> 知音難遇正常事,
> 勿因孤獨不理人;
> 少煩少惱福德長,
> 多恩多慮障礙增.

104. 의심 많고 남을 경계하면
 귀신을 만나기 쉽고,
 자신을 알고 상대를 알면
 귀한 사람을 만날 수 있고,
 부유하든 가난하든
 보시를 베풀어야 하고,
 자신을 이롭게 하고
 남을 이롭게 하면
 중생이 이롭게 된다.

 多心防人易遭鬼,
 知己知彼逢貴人
 富貴貧賤皆布施,
 自利利人利衆生.

105. 세상을 살아가며,
    마땅히 갖춰야할 것이 4가지가 있다;
    적합한 곳에서 태어나고,
    복이 있게 늙고,
    건강하게 병을 앓고,
    적당할 때에 죽는 것이니,
    무수한 행복이 그 속에 있는 것이다.

    人生在世, 當備四得:
    生得其所, 老得其福,
    病得健康, 死得其時,
    萬千幸福在其中矣.

106. 부귀가 꼭 삼대를
 못 넘기는 것은 아니요,
 현명하고 지혜로운 사람은
 꼭 가난한 집안에서만
 나오는 것도 아니다;
 부귀하면
 마땅히 덕을 쌓아야 하고,
 가난한 집안은
 필히 근면해야 한다.

 富貴未必只三代,
 賢哲未必生於寒門;
 富貴當積德
 寒門須勤勉

107. 선행을 베푸는 데는
 조건이 없다.

 行善沒有條件.

108. 생명을 소중히 여기고,
 자기 자신에게 응원하여라.

 珍惜生命,
 爲自己加油.

IV
마음의 환경보호

1. 평상심으로
   예사치 않은 일에 대처하라.
   用平常心面對不平常之事.

2. 자기가 옳더라도
   다소는 양보하여 주며,
   이유가 충분하여도
   태도는 부드러워야 한다.
   得理讓三分,
   理直氣要柔.

3. 정서가 물결 치고,
   안정되지 않는다고 느낄 때,
   곧바로 마음을 호흡으로 돌아와라.
   호흡을 체험하고 느끼면,
   점차 안정을 찾게 될 것이다.

   察覺自己情緒起伏,
   不穩定時, 要馬上回到呼吸,
   體驗呼吸, 感覺呼吸, 就能漸漸安隱下來

4. 마음의 불안함은,
   주로 환경이나 신체의 영향에 기인한다.
   스스로의 마음을 잘 살피고,
   심신상태를 잘 이해할 수 있다면,
   곧 자유자재하고 평안할 것이다.

   心不安,
   主要是受到環境惑者身體因素的影響.
   如果能夠照顧自己的心,
   瞭解自己的身心狀況 便能自在平安.

5. 주위 환경은 우리의 거울이다.
 자신의 언행이나 행동거지가
 남을 불편하게 만들거나,
 놀라게 하거나,
 또는 못마땅하게 여기도록 만든다면 곧
 반성하고,
 뉘우치며 개선하여라.

> 環境是我們的鏡子,
> 發現自己的言行擧止讓他人不舒服,
> 驚訝, 或者不以爲然, 要馬上反省,
> 懺悔, 改進.

6. 마음은 우리의 스승,
   우리의 마음은 언제 어디서고
   바로 지금 하는 일과
   처해있는 환경과 하나로 되면,
   바로 정토 안에 있는 것이다.

   心是我們的老師,
   我們的心隨時隨地與當下所做的事,
   所處的環境合而爲一, 就是在淨土之中.

7. 즐겁든
 괴롭든,
 타인의 평판에 의해
 마음이 움직이거나
 영향을 받는다면,
 이는 곧 자신의 마음을
 제대로 보호하지 못했고,
 마음의 환경보호를 못했음이다.

 不管高興或痛苦, 只要是因為他人的評斷,
 而使我們的心受牽動, 被影響,
 就是沒有好好保護我們的心,
 沒有做好心靈環保

8. 성나는 것은,
   신체상, 관념상 혹은
   기타 요인이 불러일으킨 번뇌일 뿐,
   꼭 수양이 부족함을 의미하지는 않는다.
   마음 안을 잘 비춰보고,
   지혜로 번뇌를 없앨 수 있다면,
   곧 자신을 해하거나
   남을 해하지 않는다.

   生氣, 可能是身體上,
   觀念上或其他因素引起的煩惱,
   不一定代表修養不好. 如果能夠向內心觀照,
   用智慧來化解煩惱, 也就不會自害害人了.

9. 어떠한 상황에서도,
   자신의 마음을 잘 보살피고,
   마음속의 평온과 안정을 유지하는 것이,
   곧 마음의 건강이며,
   마음의 환경보호이다.

   任何狀況下, 都要照顧好自己的心,
   保持內心的平穩與安定, 就是心靈的健康,
   就是心靈環保.

10. 불편하고
불쾌한 일이 있을 때,
마음을 조절하여라.
마음을 조절하는 것은
자신의 마음을 가다듬는 것이지,
다른 사람의 마음을 바꾸는 것이 아니다.

遇到不舒服, 不愉快的事要調心,
調心是調我 們自己的心, 不是調別人的心.

11. 좋아하는 사람 혹은
    싫어하는 사람,
    즐거운 일 혹은
    번거로운 일을 불문하고,
    마음을 평온하게 하여
    사람을 대하고,
    일을 처리한다,
    이것이 "옳고 그름을 대할 때는 온유해
    야 한다" 라는 것이다.

    不論對方是喜歡的人或討厭的人,
    不管遇到任何開心或麻煩的事,
    都要心平氣和地處理事,
    對待人這就是「是非要溫柔」.

12. 온유함은,

    온화한 마음과 유순한 태도로

    사람을 대하고,

    일을 처리하는 것이다,

    단 결코 유약함과 같지 않다.

    溫柔, 是以柔和的心, 柔順的態度來對待人,
    處理事, 但並不等於柔弱.

13. 자유자재한 인생은,

    좌절한 없는 것은 아니라,

    좌절한 상황 아래서도,

    여전히 몸과 마음을 평온하고,

    침착하게 유지하는 것이다.

    自在的人生, 並下是沒有挫折, 而是在有挫
    折 的狀況下, 仍能保持身心平穩, 從容以對.

14. 만약 사람들이
 자연환경에서
 만족을 추구하고,
 사회 환경에서
 공정함을 요구하며,
 타인으로부터 평등을 찾는다면,
 설령 약간의 효과는 있을 수 있을지라도,
 결단코 진정으로
 갈등을 풀 수는 없을 것이다.

 如果人人向自然環境求滿足,
 向社會環境求公正, 向他人求平等,
 儘管會有若干程度的效果,
 但是終究無法眞正化解衝突.

15. "내려놓다"는
    "포기하다"와 같지 않다.
    "내려놓다"는 과거를 생각하지 않고,
    미래를 생각지 않고,
    마음에 집착이 없는 것이다.
    "포기하다"는 어느 것도 믿지 않고,
    자신감과 용기를
    완전히 잃어버리는 것이다.

    「放下」不等於「放棄」.
    「放下」是不想過去, 不想未來, 心不執著;
    「放棄」是什麼都不相信,
    完全失去信心和勇氣.

16. 자신감이 있고,
    희망이 있으면,
    미래가 생길 것이다.
    有信心,
    有希望,
    就能有未來

17. 후회는 번뇌요,
    뉘우침은 수행이다.
    後悔是煩惱,
    懺悔是修行.

18. 걱정, 근심은 소용이 없다.
    신경을 쓰고,
    심혈을 기울이는 것이야말로
    필요한 것이다.

    擔心, 憂心沒有用, 留心,
    用心, 卻是需要的.

19. 마음을 가볍게 하고,
    병들 때도 여전히 생활하고,
    여전히 해야 할 일을 하면,
    곧 건강하게 병드는 것이다.

    把心情放輕鬆, 生病時還是一樣地生活,
    一樣地做該做的事, 就能炳得很健康.

20. 병이 꼭 괴로운 것은 아니고,
    가난함이 꼭 괴로운 것도 아니며,
    노동이 꼭 괴로운 것 역시 아니니,
    마음의 고통이야말로
    진정 괴로운 것이다.

    病不一定苦, 窮不一定苦, 勞動不一定苦,
    心苦才是眞正的苦.

21. 병을 하나의 체험으로 여긴다면,
    곧 고통도 없을 것이다.

    把生病當成是一種體驗,
    也就不苦.

22. 여의치 않는 일을
 재미있는 경험으로 여긴다면,
 곧 또 다른 수확을
 얻을 수 있을 것이다.

> 把不如意的事當成是有意思的體驗,
> 就會有不同的收穫.

23. 마음속으로
 좌절을 받아들일 준비를 하고 있으면,
 곧 좌절이 두렵지 않다.

> 心理上準備受挫折,
> 就不怕有挫折.

24. 인생에 순풍만 있을 수는 없다.
 몸은 병을 면하기 어려우며,
 일어서는 장애를 피하기 어려우며,
 자연환경은 재해를 벗어나기 어려우니;
 마음만 안정하면 곧 평안이 있다.

    人生不可能一帆楓順, 身體難免有病痛,
    工作難免受阻礙, 自然環境難免起災害;
    只要心安, 就有平安.

25. 이 세상은 언제든
 재난이 생길 수 있다.
 평소에 일의 예방에
 마음의 준비를 잘하고 있다면,
 재난이 발생하더라도
 피해를 최소화 할 수 있다.

> 這個世界隨時可能發生災難,
> 平時做好預防工作和心理準備,
> 就能在災難發生時,
> 把傷害減到最低。

26. 견해가 올바르면,
    생로병사가 모두
    자연현상임을 이해하게 되며,
    하늘을 원망하고
    남을 탓하는 등을 하지 않을 것이다.

    如果觀念正確, 知道生老病死都是自然現象,
    就不會怨天尤人

27. 조금만 더 생각하여 보면,
    아직도 많은 살길이 있고;
    한 숨만 남아있다면,
    곧 무한한 희망이 있는 것이다.

    多想兩分鏡, 還有許多活路可走;
    只要還有一口呼吸在, 就有無限的希望.

28. 한숨이 남아있는 한,
    생각만 돌리면,
    곧 상황도 따라 변할 것이다.
    상황은 일정하지 않고
    늘 변하기 때문이다.

    只要有一口呼吸在, 心念一轉,
    環境就會跟著轉變, 因爲環境是無常的.

29. 외부 상황이 어떻게 변화하든,
    마음을 차분히 하고
    침착하게 대한다면,
    반드시
    해결 방법을 찾을 수 있을 것이다.

    不論外在環境如何改變, 只要內心安穩
    冷靜面對, 一定能找到解快問題的辦法.

30. 바쁘던지 바쁘지 않던,
   혼자 살든 무리 지어 살든,
   마음속에 항상 안정,
   화목과 맑음을 유지하는 것이
   바로 선을 닦는 것이요, 곧
   마음의 환경보호를 실현하는 것이다.

   無論忙碌與否, 獨處或群居, 內心經常保持
   著安定, 祥和, 淸明, 就是修禪 便是落實心
   靈環保

31. 반대와 저지하는 소리는
    결코 두렵지 않으니,
    그것을 마주 대하고,
    포용할 수 있으면,
    오히려 자신을 성장시키는 조력이 된다.
    反對, 阻撓的聲音並不可怕, 能夠面對
    包容, 反而是幫助自己成長的一種助力.

32. 문제를 처리할 때
    차분하고 침착해야 한다.
    차분함을 잃고, 침착하지 못하면,
    곧 말에 실수가 있기 쉽고,
    문제를 더 복잡하게 만들 것이다.
    處理問題要心平氣和, 心不平, 氣不和
    則容易說錯話, 讓問題更複雜.

책임과 본분을 다함

33. 외부환경과 조화로우려면,
    우선 내 안의 자아와
    평화롭게 지내야 한다.

    要和外在環境和諧相處,
    首先要跟內在的自我和平相處.

34. 심신을 느긋하게 풀고,
    몸소 체험하면,
    비로소
    자아와 평화롭게 지낼 수 있다.

    放鬆身心, 體驗身心,
    才能夠與自我和平相處.

35. 자아와
 조화롭게 지낼 수 있다면,
 곧 스스로의 장점과 단점을 포함하여,
 자기 자신을
 깊이 이해할 수 있을 것이다.

> 能夠與自我和諧相處,
> 就能夠深切地瞭解自我。
> 包括自我的優點和缺點.

36. 자신이 잘 낫다고
 생각하지 말 것이며,
 또 스스로를
 얕볼 필요도 없다.

> 不要自以爲是,
> 也不必小看自己.

37. 자신과 비교하지 말 것이며,
    남과 비교하지도 말 것이며,
    단지 현재에만 노력하고,
    언제나 미래에 준비가 되어 있어라.

    不跟自己比, 不跟他人比, 只知努力於現在,
    隨時準備著未來.

38. 사람들은 보통
    자신의 장점을 드러내길 좋아한다.
    장점은 발휘하고 성장시켜야하나,
    과장할 필요는 없다.

    通常人都喜歡彰顯自己的優點,
    優點要發揮, 要成長, 不必誇張.

39. 사람들은 종종 자신의 결점을 숨기고,
 마주하거나 인정하려 하지 않는다;
 만약 태연하게
 자신의 결점과 마주할 수 있다면,
 결점은 점점 줄어들 것이며,
 문제도 점점 작아질 것이다.

 人往往會隱藏自己的缺點,
 不大願意去面對或承認
 若能坦然面對自己的缺點,
 缺點就會愈來愈少, 問題也會愈來愈小.

40. 자신의 장단점을 분명하게 알고,
    생존과 생명의 의의를 이해하는 것은,
    자아 긍정의 시각이다.

    清楚知道自己的優缺點,
    瞭解生存與生命的意義,
    是肯定自我的開始.

41. 자아를 긍정하되
    자신의 장단점에 집착하지 않으며,
    이로 인해 교만하거나 후회하지 않고,
    계속 정진하며 노력하는 것이,
    바로 무아의 태도이다.

    肯定自我而對自己的優缺點不執著,
    不因此驕傲, 懊悔, 而時續不斷地精進努力,
    便是一鍾無我的態度.

42. 사람마다 조건이 다르고,
지혜가 다르고, 환경이 다르고,
체력이 다르고, 배경도 다른데,
서로 한데 묶어 비교할 필요 없다;
착실하게, 한 발 한 발
듬직하게 나아가면,
곧 나아갈 길이 생길 것이다.

每個人的條件不同, 智慧不同, 環境不同,
體能不同, 背景也不同, 不必相提並論;
只要腳踏 實地, 步步穩健,
就能走出一條路來

43. 사람의 일생에,
    명확한 가치관이 있고
    나아가 확고하게 변하지 않으면,
    곧 생명 과정 중의
    하나하나의 단계가,
    상승효과가 있는
    인생의 융숭한 잔치가 될 것이다.

    人的一生之中, 如果能有一個明確的價值觀
    並且堅定不變, 則生命過程中的每個階段,
    都將是相乘相加的人生饗宴.

44. 사리사욕은,
 자신을 보호하는 것처럼 보이지만,
 사실은 그렇지 않다.
 남에게 손해를 끼치는 자는,
 결국 자신도 해하게 될 것이다.

 自私自利, 看起來是保障了自己,
 其實不然, 損人者終將害己.

45. 인간이 이기적이고,
    한없는 욕심 부림은,
    안전감이 결여하기 때문이다.

    人之所以自私自利, 貪得無厭
    是因爲缺乏安全感.

46. 충돌이 발생하는 이유는,
    왕왕 과도하게
    자기중심을 강조하기 때문이다.

    衝突的産生,
    往往是因爲過度强調自我中心.

47. 자기중심은
원래 생명의 원동력으로,
꼭 나쁜 일은 아니나,
만약 자기중심이 지나치게 강하여,
항상 잘났다고 생각하며,
한없이 욕심을 부리고,
오만하거나 열등감을 가지면,
자기 자신도 즐거울 수가 없다.

自我中心原是一種生命的動力,
不見得是壞事, 但是如果自我中心太强,
經常自以爲是, 貪得無厭, 傲慢或自卑,
自己是快樂不起來的.

48. 자기중심적인 이기심과
 이해득실을 초월하면,
 곧 마음이 넓어지고,
 포용심이 늘어날 것이니,
 이해득실을 따지는 마음
 또한 줄어들 것이다.

> 超越了自私自利, 利害得失的自我中心,
> 就能讓心胸開闊, 包容心增加,
> 得失心也就減少了.

49. 만약 개인의
    이해득실을 초월할 수 있다면,
    곧 전 사회,
    전 인류의 이해득실을,
    자신의 이해득실로
    여길 수 있게 될 것이다.

    如果能超越個人的利害得失,
    便會把整體社會, 全人類的利害得失
    當成是自己利害得失.

50. 우리가 자신의 건강,
행복과 평안을 바라고,
또 타인의 건강,
행복과 평안도 바라는
이러한 소원이,
그 속에도 자기중심이 있으나,
이기적인 자기중심과는 다르니,
즉 이타의 보리심이다.

我們希望自己健康, 快樂, 平安,
也希望他人健康, 快樂, 平安的這種願心,
其中也有自我中心,
但與自私的自我中心不同.
乃是利他的菩提心.

51. 인생의 가치는
　　봉헌하는 데 있다.
　　봉헌하는 중에
　　우리는 성장하고,
　　널리 좋은 인연을 맺게 된다.

　　人生的價值在於奉獻,
　　在奉獻之中成長
　　廣結善緣.

52. 하늘이 나를 낳은 것은
반드시
쓸모가 있어서이니,
사람은 모두 날 때부터
이미 책임과 가치를 가지고
세상에 왔다.
그 '쓸모'는,
인류 역사에 대해 책임을 지는 것이고,
전체 사회에 대해 책임을 다하는 것이다.

　天生我材必有所用, 每個人出生時,
　就已帶著責任和價值來到世上.
　這份「用處」, 是對人類歷史負責,
　對全體社會盡責.

53. 개인의 생명은
　　비록 미미하나,
　　가지고 있는 능력과 장점을 발휘하며,
　　자신의 힘을 다 한다면,
　　이는 곧 인류 역사 계승의
　　역할을 하는 것이다.

　　個人生命雖然紗小, 只要發揮所能所長,
　　克盡一己之力,
　　就是扮演了人類歷史承先啓後的角色.

54. 매사에 감사의 마음을 가지고,
바로 지금에 힘을 다하고,
자신을 선대의 유업을 후대로 계승하는
'수혈관'이라 생각하여,
한편으론
선대의 자양분을 받고,
또한
자신의 자양분을 아래 세대로 전하면,
곧바로
생명의 임무를 다하는 것이다.

 凡事心存感恩, 努力當下,
 把自己當成是承先啓後的「輸血管」,
 一方面接受先人的養分,
 也把自己的養分往下傳, 就是善盡生命之責.

55. 하루 중노릇 하면
하루 종을 친다고 했다.
어떠한 신분, 직위, 역할에 있든
전심전력으로 맡은 바
책임을 다하는 것이,
곧 바로 지금 이 순간을
장악하는 것이고,
바로 마음의 환경보호이다.

> 做一天和尚撞一日鐘, 在什麼樣的身分
> 職位和角色, 就要盡心盡力, 盡責盡分
> 便是把握當下, 就是心靈環保

56. 자신이 가지고 있는 것,
  알고 있는 것으로 기꺼이 공헌하고,
  가족, 친구 심지어
  일체의 중생을 이롭게 하여,
  대중이 필요로 하는 사람이 된다면,
  이것이 바로
  '중요한 사람'이다.

    心甘情願奉獻自己的所有, 所知, 利益家人,
    親友, 乃至一切衆生, 成爲大衆所需要的人,
    便是一個「要人」.

자비와 지혜

57. 인생의 괴로움과 즐거움은
종종 마음의 체험에서 온다.
만약 인생의 고락을,
자비심과 지혜로운 마음을
성장시켜주는 과정으로
삼을 수 있다면,
이것이 곧 대자재인이다.

> 人生的苦與樂, 往往來自心的體驗,
> 若能把人生的苦樂, 當成是增長慈悲心和智
> 慧心的過程, 就是大自在人

58. 얻거나 잃은 것에 대한 생각을
마음에 두지 않으면,
곧 세상을 사는데 있어
일이 없는 사람이 된다.
일이 없다는 것은
해야 할 일이 없거나
일을 하지 않는 것이 아니라,
일을 하고 맡음에 있어서,
마음속에 걸림돌이 없다는 뜻이다.

　心中不存得失想, 便是世間無事人
　無事不是沒事做, 不做事, 而是做事,
　任事之間, 心中沒有罣礙

59. 항상 뭇 사람의 안락을
자신의 안락으로 여기고,
중생의 행복을
자신의 행복으로 삼는다면,
이 사람은 반드시 평안한 사람일 것이다.

> 只要常以眾人的安樂爲安樂,
> 以眾生的幸福爲幸福,
> 必然就是一個平安的人了.

60. 사람은 모두
 남에게 도움을 줄 수 있다.
 진심으로 남을 칭찬하고,
 격려하고, 위로하고,
 남을 북돋아주고,
 소통하여 인도하여 주는 것이,
 바로 사람을 돕는 것이다.

　人人都可助人, 眞心的讚美人, 鼓勵人
　安慰人, 給人勉勵, 疏導, 就是在幫助人

61. 꽃이 피고
열매를 맺는 것은
자연현상이며,
꽃이 폈으나
열매를 맺지 못하는 것,
이 또한 정상적인 일이니,
이것이 바로 인연이다.

開花結果是自然現象,
開花而不結果也是正常,
這就是因緣.

62. '인(因)'은 주관적인 조건이요,
 '연(緣)'은 객관적인 요인이다;
 주관적인 조건은
 장악할 수 있는 것이나,
 객관적인 요인은 경영하여야 한다.

    因是主觀的條件, 緣是客觀的因素;
    主觀的條件可以掌握, 客觀的因素則要經營.

63. 인연을 인지할 수 있다면,
 곧 근심걱정으로부터
 벗어날 수 있을 것이다.

    能有因緣的認知,
    便能從憂苦煩惱得到解脫

64. 일의 성공여부를,
비록 따지지 않더라도,
한 푼의 노력,
한 푼의 마음 씀씀이가,
모두 힘을 보태어 주는 인연이 된다.
    事情的成功與否, 雖然不去計較,
    然而一分努力, 一份用心, 都是增上緣

65. 인연은

　노력해서 붙잡아야 한다.

　만약 인연이 아직 여물지 않았다면

　좀 더 기다려도 괜찮다!

　기다림과 노력이 있으면,

　인연이 여물었을 때

　잘 붙잡을 수 있다.

　　因緣需要用心把握, 假使因緣尚未成熟,
　　不放再等等吧! 等待加上努力,
　　才能在因緣成熟時好好把握

66. "운명을 안다"와
"운명이라고 여긴다"는 다르다.
"운명이라고 여긴다"는
소극적인 태도로
생명을 완전히 포기하는 것이고,
"운명을 안다"는
세상만물이 모두
인연이 있음을 이해하고,
올 것은 결국 올 것이니,
순연이든 역연이든 모두 같다는 것이다.

「知命」與「認命」不同.「認命」
是消極的態度, 完全放棄生命的作爲;
「知命」則是認知萬 事萬物有其因緣,
該來的總是會來, 順逆皆然.

67. 운명을 안다면,
곧 초연하게 인생의
여러 만남을 대할 수 있을 것이다.

若能知命,
便能坦然面對人生的際遇.

68. 어떤 상황이든,
사람을 대할 때는 존중을 하고,
일을 대할 때는 책임을 지며,
자신을 대할 때는 지혜가 있어야 한다.

任何狀況下, 對人要尊重,
對事要負責, 對自己要有智慧.

69. 자비는,
    누구에게도 해를 끼치려하지
    않는 것만이 아니라,
    나아가 남을 도와주는 것이다.
    慈悲, 是對任何人不僅不去傷害他,
    還要去幫助他.

70. 언제 어디서든 불문하고,
    사람을 해하지 않고,
    방해 하지 않는다면,
    곧 자신도 보호하고,
    남도 보호하는 것이다.
    不論何時何地, 不傷害人, 不妨礙人,
    就是保護自己, 也保護他人

71. 자기중심의 관점이 아니라,
객관적이고 더 나아가 주관,
객관을 초월하는 관점으로
남을 대하고, 일을 처리한다면,
자신의 잘못이 줄어들 것이고,
남에게도 좀 더 자비로워질 것이다.

不以自我中心的立場,
而以客觀甚至超越主觀.
客觀的立場來對待人, 處理事,
自己犯的錯誤就會少一些,
對人也會智慧些.

72. 하늘 아래 진정으로
나쁜 사람 없으니,
단지 잘못된 일을 한 사람일뿐이고;
진정으로
악한 사람도 없으니,
단지 견해에 착오가 생긴 것일 뿐이다.

    天底下沒有眞正的壞人,
    只有做了錯事的人;
    沒有眞正惡心的人, 只是觀念出了差錯.

73. 자비는, 평등하고, 차별 없고,
대립하지 않는 태도로,
모든 사람을 대하는 것이다.

    慈悲, 是以平等, 無差別, 非對立的態度
    來看待一切人

74. 지혜는,

　어떠한 상황에서든,

　차분하게 스스로를 영점으로 돌려놓고,

　모든 일을 처리하는 것이다.

　　智慧, 是在任何狀況下,

　　心平氣和地把自己歸零, 處理一切事.

75. 문제는 해결할 수 있다면,
    물론 좋다!
    만약 해결이 안 되거나,
    부작용이 남기게 되더라도,
    마음에 걸릴 필요가 없다.
    할 수 있는 일을 다 했었으니,
    하늘을 원망하고
    남을 탓할 필요가 없다.

    問題若能解決, 很好!
    如果不能解決或者留下後遺症,
    也不必罣礙. 只要盡人事, 就不必怨天尤人

76. 자비로 사람을 대함은,
곧 남을 돕고,
용서하고,
포용하고,
감동시키는 것이고;
지혜로 일을 대함은,
즉 일을 대면하고,
받아들이고,
처리하고,
내려놓는 것이다.

> 慈悲待人, 是幫助他, 寬恕他, 包容他,
> 感動他; 智慧對事, 是面對它, 接受它,
> 處理它, 放下它.

77. 자비는,

　　미운 사람이나
　　친한 사람이나
　　차별 없이 모든 중생을 애호하여 주고;
　　지혜는,
　　적절하게 모든 문제를 해결해 준다.

　　　慈悲, 是怨親平等地愛護一切衆生;
　　　智慧, 是恰到好處地解決一切問題.

78. 자비는 지혜가 동반해야 한다.
지혜가 결여된 자비는
자신을 해하고
남을 상할 가능성이 있으니,
비록 좋은 마음으로 하였으나,
오히려 잘못된 일을 하고,
사람을 해할 수 있다.

慈悲要有智慧同行, 缺少智慧的慈悲,
很可能自害害人. 雖緣存好心,
卻做了錯事, 害了人

79. 자비는,
    결코 무골호인이나 줏대 없이
    남의 비위만을 맞추는 게 아니다.
    다른 사람에게 이로운 일을 하고,
    남을 도와 마음의 품격과
    정조를 동시에 높이는 것이다.

    慈悲, 並不是做爛好人, 做鄉愿,
    而是做對人有益有利的事,
    幫助他人一起提昇心靈的品質和情操

기쁨과 행복

80. 인생의 처세에,
   어떤 사람은
   빈둥거리며 살아가고,
   어떤 사람은
   세상에 미련을 가지고 산다.
   빈둥거리며 사는 사람은
   멍하니 하루하루를 보내거나,
   심지어 세상의 혼란을 조장하기도 한다.
   세상에 미련을 가지고 사는 사람은,
   세상일에 연연하여,
   자신과 관계된 모든 일에 고집을 한다.

   人生處世, 有人「混世」, 有人「戀世」.
   混世, 是渾渾噩噩度日,
   甚至造成世界的混亂; 戀世, 是
   對世間依戀下捨, 執著與自己相關的一切.

81. 인생의 처세에
 "세속에 들어가는 것"과
 "세속을 벗어나는 것"
 두 가지 태도가 있다.
 "세속에 들어가는 것"은
 세상일에 참여하고, 세계를 구제하며,
 남을 돕는 것을
 자신의 일로 여기는 것이고;
 "세속을 벗어나는 것"은
 곧 산림에 은거하며,
 세상일을 묻지 않고,
 자기만 돌보고 수행하는 것이다.

 人生處世, 也有「入世」,「出世」兩種態度. 入世, 是參與世間, 救濟世界, 以助人爲己任; 出世, 則是隱遁山林, 不問世事, 自顧白地修行.

82. 보살행자는,
세속을 벗어나는 마음으로
세상에 들어가 일해야 한다.
그들은 사회에 들어가고,
보살피고,
어려움을 구제하되,
세상의 영광에 연연하지 않고,
명리를 탐하지 않는,
이것이야말로
진정한 해탈한 자이니라.

菩薩行者, 以出世的心做入世的工作:
他們走入社會, 關懷社會, 救苦救難,
卻不戀棧世間榮華, 不貪求名聞利養,
這才是眞正的解脫者.

83. 인생에 여의치 않은 일이
열에 여덟아홉이고,
여의치 않은 일이 이미 예상되고 있으니,
불안함도 느끼지 않게 된다.

> 認知人生不如意事十常八九,
> 不如意乃意料中事,
> 就不會覺得不自在了.

84. 확실히 세상은 완벽하지 않다.
'때맞춰 내리는 비'가 있으면,
'폭풍우'도 있음을 이해하면,
완벽하기를 너무 기대하지 않게 된다.

> 肯定這個世界是不完美的,
> 有「及時雨」也有「暴風雨」,
> 便不會過份期待完美了.

85. 우리는 항상 즐거운가?
정말로 즐거운가?
라고 자문하여야 한다.
즐거움은,
결코 물질적인 자극에서
오는 것이 아니라,
마음 안의 진정한 안정과
평온에서 오는 것이다.

> 我們應該常常問自己快樂嗎?
> 眞的快樂嗎? 快樂,
> 並不是來自物質條件的刺激,
> 而是內心眞正的安定與平靜.

86. 남과 함께 지낼 때,
 나쁜 말을 입 밖에 내지 않는 것은,
 타인을 보호하는 것이요,
 또한 자신을 보호하는 것이다.

    與人相處, 口不出惡言
    就是保護他人, 也保護自己.

87. 사람들과 어울릴 때,
 남에게 공간을 주는 것은
 곧 자기에게 공간을 부여하는 것이다.

    與人互動,
    給人空間就是給自己空間.

88. 어떠한 일을 하더라도,
반드시 긍정적이고
낙관적인 태도를 유지해야 한다.
자신이 즐거워야 비로소
다른 사람도 즐겁게 해 줄 수 있다.
  做任何事, 一定要抱持積極樂觀的態度
  自己快樂, 才能讓他人也快樂.

89. 사람들은 만약 즐거움만 좇고,
책임을 지려하지 않는다면,
이러한 즐거움은
결코 오래 유지될 수 없으며,
종종 마음속의 부담이 된다.
  人如果只追求快樂, 而不願意負責任, 這種
  快樂並不持久, 而往往成為心理上的負擔.

90. 남을 위해 봉사할 때,
자신도 성장하게 되며,
일종의 성취감을 느끼게 된다.
이런
성장과 성취감이 엇갈린 기쁨은,
곧 흐뭇한 즐거움이다.

當我們爲他人奉獻時, 自己就是在成長,
會有一種成就感;
這種成長與成就感交織的喜悅,
乃是欣慰的快樂.

91. 미움과 원망하는 마음으로
    세상을 보거나,
    혹은 욕망을 끝없이 키우는 것은,
    모두 즐거움과 정반대의
    길로 가는 것이다.

    > 以厭惡, 仇恨心看世界,
    > 或讓欲望無止盡地增長,
    > 都與快樂背道而馳

92. 봉사하는 마음을 조금 더 키우고,
    이기심을 조금 더 줄인다면,
    곧 평안하고,
    즐거워질 수 있을 것이다.

    > 多一分奉獻心, 少一點自私自利,
    > 就有平安, 就會快樂.

93. 돈을 버는 데
    자기만 챙기려고 하지 말고,
    돈을 모두 함께 벌어야 한다.
    다함께 돈을 벌게 되어야,
    비로소 가장 믿음직한 재산이 된다.
    賺錢不自私, 有錢大家賺
    大家有錢賺, 才是最可靠的財富.

94. 부의 취함에 있어
    도리를 지켜야 한다.
    타고난 얻은 복 이외에도,
    후천적인 노력을 더해야 하고,
    또 널리 좋은 인연을 맺어야 한다.
    財富要取之有道, 除了與生俱來的福報
    還要加上後天的努力, 並且廣結人緣

95. 부에는
세속의 재산,
지혜의 재산과 공덕의 재산이 있으니,
만약 이 세 가지를
모두 겸비할 수 있다면,
반드시 평안하고,
건강하며, 즐겁고, 행복할 것이다.

財富有世間財, 智慧財和功德財
苦能三者兼備, 一定平安, 健康, 快樂, 幸福

96. 좀 더 좋은 일을 하고,
    좀 더 남에게 편리를 베푸는 것이,
    곧 공덕의 재산이요;
    개념이 올바르고,
    번뇌를 없앨 줄 아는 것이,
    곧 지혜의 재산이다.

    多做好事, 多給人方便, 是功德財
    觀念正確, 懂得化解煩惱, 是知慧財.

97. 세속의 재산은 비록 중요 하지만,
    재물을 수단으로 삼아,
    보시와 구제, 공익과 선행을 한다면,
    진정한 대부호인 것이다.

    世間財固然重要, 若能把財富當成是工具,
    用來布施救濟, 公益行善, 才是眞正的大富貴者.

98. 행복한 인생에는
'3Q'가 있어야 한다.
'IQ'의 학습능력,
'EQ'의 정서관리능력,
아울러 'MQ'의 도덕 수준이니,
후자는 바로 남을 돕고,
이롭게 하며, 관심하여 주는 것이다.

> 幸福人生要有「三Q」：
> 「IQ」學習能力,
> 「EQ」情緒管理能力,
> 以及「MQ」道德的品質,
> 後者卽幇助人, 利益人, 관懷人

99. 외부상황이 불경기일수록,
    개인은 더욱 심신의 건강을
    잘 유지해야 하고,
    남에게는 이로운 일을
    더 많이 해야 한다.

    外在環境愈是不景氣,
    個人愈是要保持身心健康,
    多做些有益於人的事.

100. 봉사하는 마음을 가진 사람은,
　　　자신이 배려 받지 못할까 걱정 안한다.
　　　소원을 발심하면, 곧
　　　다른 사람을 돌봐줄
　　　마음과 힘이 나온다.
　　　남을 돌볼 수 있는 사람은,
　　　스스로도 돌볼 수 있다.

　　　有奉獻心的人, 就不會擔心自己不受照顧
　　　有了願心, 便有心力去照顧人. 能夠照顧人,
　　　也就能夠照顧自己.

101. 인간의 일생은 비록 짧지만,
　　　끝없는 비장한 염원을 발심하여야 한다.

　　　人的日期生命雖然短暫,
　　　卻要發無限的悲願心.

102. 매사에
 온 힘과 마음을 다하고,
 인연에 유순히 따라라,
 인연이 무르익으면
 일도 이루어 질 것이다.

　凡事盡心盡力, 隨順因緣, 緣熟事成

103. 중생을 위해 행한 모든 일이라면,
 반드시 마음먹은 대로
 일이 이루어질 수 있을 것이다.

　爲了衆生所做的一切事情,
　必能心想事成

104. 선행에는
크고 작음의 구분이 없으니,
선한 마음만 품고 있으면,
마음은 곧 평안할 것이다.

> 行善沒有大小之分, 只要抱著一個善念,
> 心就是平安的.

105. 남을 이롭게 하고
자신을 이롭게 하는 선한 소원을
발심하는 것이 가장 바람직하나,
적어도 자신을 이롭게 하되
타인에게 손해를 끼치지 않고,
남을 해치지 않는 것까지 해야 한다.

> 最好能夠發利人利己的好願,
> 至少要做到己而不損人, 對他人沒有傷害.

106. 소원을 발심하는 데는 순서가 있다.
   작은 데서부터 손을 대고,
   가까운 희망부터 시작하라.
   선한 마음,
   좋은 말,
   좋은 일을 행하는 것은,
   누구나 다 할 수 있는 것이며,
   모두가 발심할 수 있는 선한 소원이다.

   發願有其次第, 從小處著手, 從近願開始.
   存好心, 說好話, 做好事, 是人人可以做到,
   人人可發的善願

107. 좋은 말을 하고,
 좋은 일을 행하고,
 나쁜 업보를 줄인다면,
 곧 개인의 운명을 바꿀 수 있고,
 또한 인류 공동의 업보를
 돌려서 바로 잡을 수 있다.

   說好話, 做好事, 少造惡業,
   就能改變個人的命運,
   也能把人類的共業扭轉過來.

108. 선행은 남에게 알리되,
보답을 구해서는 안 된다.
모두들 좋은 일을 하도록 격려하고,
좋은 일이 더 퍼지고,
더 많은 호응을 불러일으키며,
더 오래 가도록 하는 것이다.

　爲善要讓人知, 卻不求回報.
　我們鼓勵大家都來做好事,
　讓好事更普及, 更多響應, 更長久.

■ 회향게 ■

원컨대 이 공덕 무진법계에 회향하오니,
우리와 모든 중생들이
극락에 왕생하여 함께 아미타불 친견하고,
끝내는 부처 이루어 지이다.

願以此功德　普及於一切　我等與衆生
當生極樂國　同見無量壽　究竟成佛道